HANGJIA
DAINIXUAN

行家带你选

杂 器

姚江波 ／ 著

中国林业出版社

图书在版编目 (CIP) 数据

杂器 / 姚江波著 . - 北京: 中国林业出版社, 2019.1
(打眼带你淘)
ISBN 978-7-5038-9879-2

I. ①杂… II. ①姚… III. ①古器物 - 鉴定 - 中国 IV. ① K875.04

中国版本图书馆 CIP 数据核字 (2018) 第 278425 号

策划编辑　徐小英
责任编辑　梁翔云　徐小英
美术编辑　赵　芳　刘媚娜

出　　版　中国林业出版社(100009 北京西城区刘海胡同 7 号)
　　　　　http://lycb.forestry.gov.cn
　　　　　E-mail:forestbook@163.com　电话：(010)83143515
发　　行　中国林业出版社
设计制作　北京捷艺轩彩印制版技术有限公司
印　　刷　北京中科印刷有限公司
版　　次　2019 年 1 月第 1 版
印　　次　2019 年 1 月第 1 次
开　　本　185mm×245mm
字　　数　203 千字(插图约 400 幅)
印　　张　12
定　　价　75.00 元

青花五彩花卉纹瓷器 · 清代

"靖康元宝" 铜钱 · 宋代

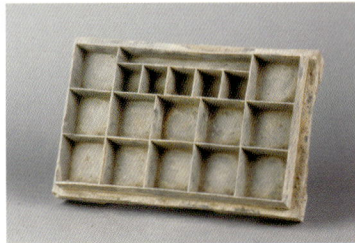

绿釉陶炉·汉代

◎ 前 言

　　杂器，实际上没有特指，说什么样的器物是杂器，而什么样的器皿又不是杂器，它没有一个科学的定义，一般指小类。如在一个博物馆中，玉器、铁器、铜器、陶器、瓷器、骨器、角器、蚌器、锡器、钱币等都有见。通常博物馆将陶器、玉器、瓷器分门别类，而对骨器、角器、蚌器等小类别，则不再细分，统称为杂器。但如果将骨、角杂器系统地单独分类，那么显然骨器等就成为一个独立的类别，所以杂器的概念并不固定。在现实中常常发现，一种类别的器物在一些艺术品收藏机构内是杂器，而在另外一些收藏机构内则是主流器物类别。这实际上是由分类造成的。

　　杂器是人类社会发展的必然产物，由其有用性所决定。中国古代各类杂器在人类社会的演进当中不可缺少，不同的杂器器型在产生之后就会以前所未有的速度迅猛发展。有的器物造型，从新石器时代直至当代，

青铜鼎·战国

空首布·春秋

经历了上万年的发展历程，如碗、盆、钵、罐、瓷、杯、盘、斧、范、剪、凿、镜、削、轴承等，犹如灿烂星河，群星璀璨。但也有相当多的器物造型，如纺轮、陶球、耒、耜、带钩、叉、葫芦瓶等，是历史阶段性的产物，或者流行时间比较短，只是在历史上昙花一现，很快就消失了。显然，每一个时代对于杂器的归类和看法都有所不同，就是同一类别的器物，不同的规整程度也可以成为区分杂器的标准。如古瓷器是精美绝伦的艺术品，而有瑕疵的古瓷标本则常常是被归类于杂器的范畴。

中国古代杂器虽然已离我们远去，但人们对它的记忆是深刻的，这一点反应在收藏市场之上。在收藏市场上，历代杂器受到人们的热捧，各种质地、造型的杂器在市场上都有交易。杂器销售的地点更灵活，如常常在北京报国寺等古玩市场内的地摊上，早上不到5点钟就已经是人声鼎沸，开始交易。像这样的市场，在全国有几百个，可见杂器交易量还是比较大的。从品质上看，杂器在品质上精致、普通、粗糙者都有见。从体积上看，杂器通常以小件为主，大器只是偶见。

中国古代杂器由于是古代人们在日常生活当中真正使用过的器具，担负着实用的功能，生产量规模巨大，留下来的数量最多。所以从客观上看，收藏到古代杂器的可能性比较大。但古代杂器由于在造型上比较简单，且常常处于边缘状态，作伪技术含量较低等特点，注定了各种各样伪的古代杂器频出，成为市场上的鸡肋。高仿品与低仿品同在，鱼龙混杂，真伪难辨，一时间杂器的鉴定成为一大难题。本书从文物鉴定角度出发，力求将错综复杂的问题简单化，以质地、造型、纹饰、厚薄、时代特征、工艺技法等鉴定要素为切入点，具体而细微地指导收藏爱好者由一件杂器的细部去鉴别杂器之真假，评估古杂器之价值，力求做到使藏友读后由外行变成内行，真正领悟收藏，从收藏中受益。以上是本书所要坚持的，但一种信念再强烈，也不免会有缺陷，希望不妥之处，读者给予无私的批评和帮助。

姚江波

2018 年 12 月

◎ 目 录

弧线圆点纹彩陶钵·新石器时代

圜钱·战国

铜锛·西周

生铁猪·汉代

青铜盉·西周

青铜戈·战国

茧形壶·秦代

第一章 铁 器

第一节 铁器时代

一、铁器产生

铁器的产生对于人类社会的进程无疑具有划时代的意义（图1-1）。铁具有硬度大、轻便、易铸造等特点（图1-2）。用铁打造成的器具，对于农业工具的功效的改善，以及冷兵器的全面使用至关重要。因为在铁器之前，青铜材质贵重得就像我们现在的黄金，所以虽然有各种各样的青铜农具和兵器，如刀、钺、戈、矛等，但这些兵器和农具基本上都是一个象征，一般是不会真正拿来实用的。在农具上，奴隶们所使用的农具基本上以石质的为多。在新石器时代晚期和夏商之际，生产力发展水平并不高，而铁质农具的使用，使生产效率大为提高，可以说是革命性的，直接推动了牛耕等一系列农业生产活动的进行（图1-3）。这从一定程度上可以说是推动了生产力的发展，推动了社会变革，对于残酷的奴隶制度的结束，起着很重要的作用。总之铁器的出现，引发了诸多方面的连锁反应。

二、陨 铁

我国对于铁器的使用非常早，至迟在商代就发现有利用陨铁制作的器物，看来那时人们对于铁质材料已经有了相当的研究。显然，仅仅使用陨铁是不够的。

三、人工冶铁

我国人工冶铁的实施，过去一直认为是春秋中期，但是河南三门峡虢文公墓出土的一件玉管铜芯柄铁剑经检测为人工冶铁实物。由此得知，至迟在西周晚期，我国已经掌握了人工冶铁的技术。我

图 1—1　铁镞 · 汉代

图 1—2　铁盂 · 汉代

图 1—3　铁斧 · 汉代

们来看一段资料："中华第一剑"就出土于 M2001 号虢季墓中，它是虢国墓地中最重要的出土文物，又称"玉茎铜芯柄铁剑"（图 1–4），由铁制剑身、玉质剑柄和铜质柄芯组合而成。铜柄芯表面镶有绿松石，玉柄由径、首两部分套接而成，两者均用和田青玉制成。玉质细腻光洁透润。柄径青而略泛白色，上有黄白与褐色斑纹，饰成组斜竖向平行线纹和 C 形云纹。柄首略泛青袍色，表面刻有四瓣花萼形纹。从工艺来看，整器圆度规整，雕刻精细，线条流畅大方，富有动感，显示了墓主人的威严与奢华。剑茎中空，为圆柱形。铜质柄芯与玉制柄茎结合得十分巧妙，剑筒前端有一小穿孔，孔内用铜钉使剑首与铜芯铆和在一起，铜钉两边各嵌有一个绿松石片，以起固定的作用，剑首上部呈圆弧状，下部为正方形，下端的管口处用绿松石片填平，这样玉管和铜就结合在了一起。最后，铁制剑身与铜质柄芯结合。铜质柄芯为条状与剑身脊部相结合，表面镶入条状绿松石片，柄芯下端为圆形套入中空的玉柄之内，将铁与铜结合。这把剑能将铜、铁、玉三种不同质地的材料完美地结合在一起，可见当时手工业的发达。此剑通长 34.2 厘米、柄长 12.2 厘米、剑身长 22 厘米、叶宽 3.8 厘米、玉茎最大径 1.8 厘米、剑首底端为 2.7 厘米、2.3 厘米。造型隽永、雕刻凝烁，堪称稀世珍宝（图 1–5）。

图 1–4 玉茎铜芯柄铁剑·当代仿西周

图 1–5 玉茎铜芯柄铁剑·当代仿西周

图1-6　玉茎铜芯柄铁剑·当代仿西周

　　出土时，剑身处有一层丝织品包裹，装入精心缝制的牛皮鞘内，表面留有纵向缝合痕迹，针眼清晰可见。足以证明墓主人对这把铁剑的珍视。经北京科技大学冶金与材料研究所鉴定，该剑是用高温炔炼法铸成，确认为人工冶铁制品（图1-6）。

　　人类使用铁的历史十分悠久，在商代人们便开始使用铁器，1977年北京平谷刘家河就曾出土过一件商代铁刃铜戈。但是，这些铁均是陨铁。1978年甘肃灵台井家庄出土的一把短剑，被认为是最早的人工冶铁实物，因这把剑出土在秦国，时代应为春秋中期。因此"中华第一剑"的发现，将我国的人工冶铁史向前推进了将近两个世纪。证实了我国在铁器未推广以前，有过一个陨铁和人工冶铁并用的时代。在我国先秦时期，玉是美好事物的象征，"君子无故，玉不去身""君子无德，故不佩玉"。另外，商周时代青铜材料十分珍贵，就是当时人们认为的黄金。该剑以铜、铁、玉三种材料复合而成，表明早期铁制品的稀少和贵重，仅见于国君墓，进一步表明应是权力和地位的象征。

　　从世界范围看，早期的人工冶铁技术普遍存在于国内外古文明地区，如美索不达米亚、埃及、阿纳托利亚等地区，且有实物发现，均有陨铁和人工冶铁共同使用的特征，而我国却一直没有找到有关这方面的实物，"玉茎铜芯柄铁剑"的出土填补了我国这一空白。同时也表明了我国的冶铁技术不是舶来品，而是中国人自己的发明创造"（姚江波，2001）。

第二节 铁器鉴定

一、春秋战国铁器

春秋战国时期是铁器真正发展的时期。这一时期，冶铁业成为最重要的生产部门之一，大量的铁质工具和农具被生产出来，极大地推进了生产力的发展，以及我国冷兵器的发展。《管子·轻重乙》曰："一农之事必有一耜、一铫、一镰、一鋤、一椎、一铚，然后成为农。一车必有一斤、一锯、一釭、一钻、一凿、一𫓧、一轲，然后成为车。一女必有一刀、一锥、一箴、一鈬，然后成为女。"由此可见，当时人们已经认识到铁器对于农具的重要作用。铁矿也不断地被发现。《管子·地数篇》载：齐地"出铁之山三千六百九山"。由此可见，当时冶铁业的发达。在技术水平上，块炼渗碳钢等技术的广泛应用，极大地促进了铁器的发展，使我国冶铁技术处于一个较高的水平。从器物造型上看，春秋时期农具广泛出现，如铁凹口锸、铁锛等都十分常见。另外，刀、削刀等兵器也较为常见。战国时期也是这样，出现了相当多的器物造型，鼎、锄、斧、臿、刀、剑等都有见，可谓是种类繁多（图1-7）。

图1-7 铁镞·汉代

图1-8 铁锄·汉代

图 1-9 铁锤·汉代

二、汉代铁器

汉代冶铁技术进一步发展，铁器进一步普及。铁器成为最普通的物品，是人们生活当中不可缺少的农具（图1-8）、工具（图1-9）、兵器（图1-10）、日常生活用具（图1-11）。汉代铁器在造型上显然是集大成，常见的器物造型主要有铁甲叶、铁镞（图1-12）、铁矛、铁耒耜、铁带钩、铁叉、铁斧（图1-13）、铁范（图1-14）、铁剪、铁凿、铁镜、铁削、铁轴承（图1-15）、铁镰、铁钻、铁车辖、铁犁（图1-16）、铁锤（图1-17）、铁齿轮（图1-18）、铁刀、铁权（图1-19）、铁质小动物、铁勾、铁棺钉、铁釜、铁马衔、铁鱼钩、铁猪等（图1-20）。由此可见，铁器造型之丰富，几乎囊括了人们生活中方方面面的器物造型（图1-21）。

图 1-10 铁镞·汉代

图 1-11 铁盖帽·汉代

图 1-12 铁镞·汉代

图 1-13　六用铁轴承·汉代

　　从具体的造型上看，这些铁器主要以满足人们的实用功能为主，有很多器物的造型与我们今天的并无太大的区别，如铁犁、斧、刀、剑等（图 1-22），同时更多的是对于同时期其他质地造型的借鉴（图 1-23）。

图 1-14　铁斧·汉代

图 1-15　铁范·汉代

图 1-16　铁齿轮·汉代

图 1-17　铁猪·汉代

图 1-18　铁犁铧·汉代

图 1-19　铁权·汉代

图 1-20　铁锤·汉代

图 1-21 铁轴头·汉代

图 1-22 铁斧·汉代

图 1-23 六角铁轴承·汉代

第二章　红陶与彩陶鉴定

第一节　红陶鉴定

一、造型

红陶是人类最早烧制成功的陶器，我国烧制红陶的历史可达万年之久。红陶是用粘土直接烧制而成，表面呈现出红色、橘色、砖红等色调，可分为细泥和夹砂红陶两种，为新石器时代人民日常生活当中的主要生活用器。

中国古代红陶在造型上特征比较明确，以繁复为显著特征，各种各样的器物造型都涉及到了，如，碗、盆、钵、罐、瓮、杯、瓮、盘、纺轮、陶球、葫芦瓶、小口尖底瓶等（图2-1）。从造型上看，胎体坚硬、简洁，实用性很强。其造型的隽永程度主要是根据所盛物品的珍稀程度而定。如碗就是用来盛饭；小口尖底瓶简洁的造型目的是用来盛水；葫芦瓶用来盛酒；如小口尖底瓶一般情况下较为简洁，

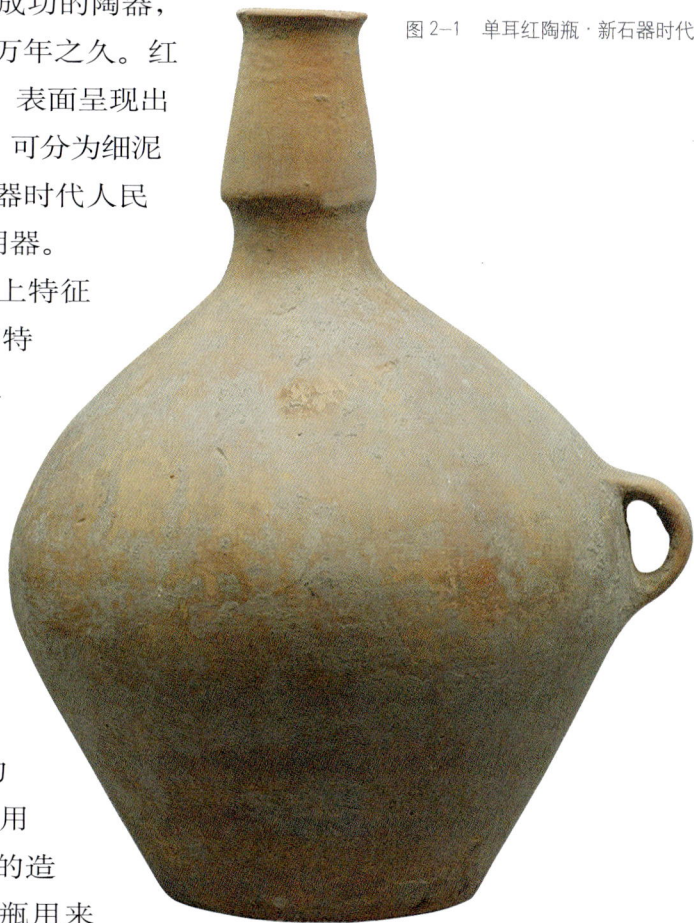

图2-1　单耳红陶瓶·新石器时代

图 2-2　小口尖底瓶·新石器时代

大小不一，造型固定化的趋势比较明显。通常造型多为"重唇敛口，内唇向里收敛，并叠附于外唇口之上，形似二层台式的口上之口，两唇面的沿面趋平。标本 H14∶3，泥质红陶"（宝鸡市考古工作队，2003）。这是一个残缺的小口尖底瓶，如果补充完整就是束颈、鼓渐腹弧收至尖底。其造型显然就是为了最大限度地适应新石器时代水井的狭小性，以及打水时最佳的力学原理。用绳子吊住小口，尖底会迅速扎入水中，并且倾倒打满水（图 2-2）。而显然其美观程度也主要是受到这一实用功能的影响。从造型的衍生性上看也不是很大，因为一旦造型发生衍生，显然小口尖底瓶的汲水的实用性功能就会受到影响。因此在红陶鉴定上一定要注意到造型与功能的紧密性的关系。而造型隽永程度比红陶尖底瓶好得多的红陶葫芦口瓶所盛放的东西比水要珍贵得多。葫芦瓶显然是盛酒的器皿，它在造型上十分精致，整个就是一个葫芦的造型，小敛口，尖唇，细长颈，溜肩，圆鼓腹，将实用与装饰的功能完美地融合在了一起，体现得淋漓尽致（图 2-3）。整个造型精美绝伦，美不胜收。总之，中国新石器时代红陶由于是人们日常生活当中的实用器，所以造型与功能的关系表现得十分紧密，通常在功能不变的情况下造型也不会改变，有着相当的稳定性。

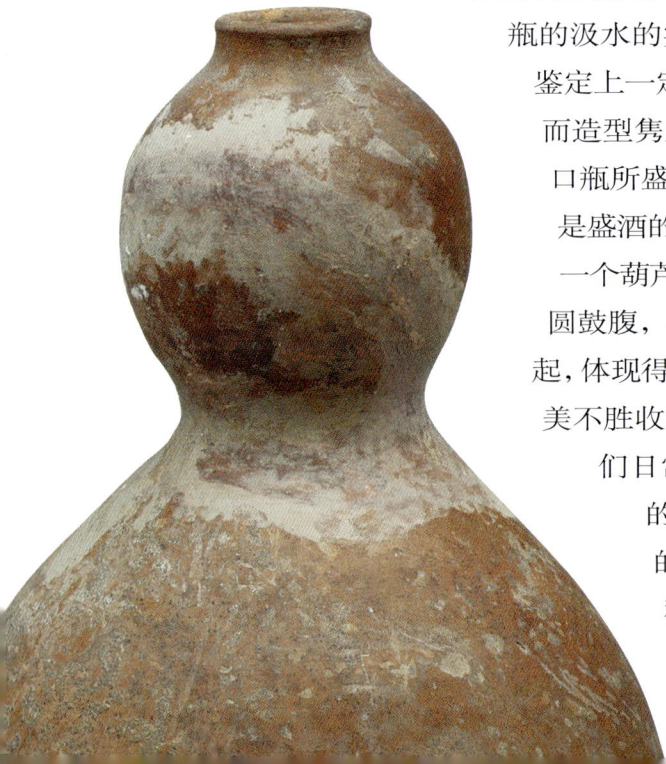

图 2-3　小口葫芦瓶·新石器时代

图 2—4 绳纹小口尖底瓶·新石器时代

二、纹 饰

中国古代红陶在纹饰上特征十分明确，如绳纹（图2—4）、斜绳纹、横绳纹、粗绳纹、细绳纹、交错粗绳纹、粗斜绳纹、斜线纹、方格网纹、指甲纹、指窝纹等等。我们随意来看一则实例，"葫芦口瓶体饰较细密的斜线纹"（宝鸡市考古工作队，2003）。红陶上的纹饰种类比较多，但主要是以简单刻划几何纹为显著特征，并且纹饰有像绳纹等固定化的趋势。从装饰纹饰方法上看，比较随意，划纹和绳纹居多，兼具有附加堆纹、指甲纹、拍印纹等，总之就是十分的原始，随心所欲（图2—5）。有的时候，我们可以看到红陶上的纹饰其实并不是一种艺术的追求，而只是一种点缀，甚至是一种实用的需要。如一些汲水用的红陶瓶，处于对表面的保护，有意地在上面划上一些斜线纹，这样在手拿时就不至于会过于光滑，以至于坠落。最典型的器皿要属澄滤器了，这种器皿在内部布满了较深的几何纹（图2—6）。开始不知道它的功能，后来发现它是原始人用来淘米的器具。粗涩的器物表面可以将米淘洗得更为干净。这一技术可能在现代都不落后，看来，原始社会并非在所有方面都像我们想象的那样落后。

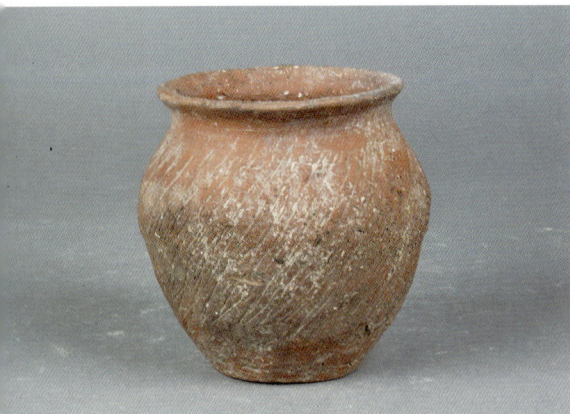

图 2-5 划纹红陶罐·新石器时代

图 2-6 拍印划纹红陶瓢·新石器时代

　　由此可见，红陶纹饰具有多元化的功能性特征。从纹饰衍生性上看，红陶的纹饰衍生性其实是比较强的，以绳纹为例，几乎尝试了所有绳纹的题材，如斜绳纹、横绳纹、粗绳纹、细绳纹、交错粗绳纹、粗斜绳纹等，这些显然都是绳纹的衍生。另外，在题材上，红陶多倾向于人们在生活当中熟悉的纹饰，来看一则实例："标本H14:1，泥质红陶，小口径，尖唇敛口细长颈，圆溜肩，颈附加宽垂花边沿，下腹外鼓，饰交叉状方格网纹"（宝鸡市考古工作队，2003）。另外，拍印画纹也是新石器时代红陶器皿上常见的纹饰，

图 2-7 红陶澄滤器·新石器时代

这种纹饰非常的随意，有时可能不能很清楚地分辨究竟划纹是主纹，还是以拍印纹为主体，两者自由地融合在一起，但却是原始人不断对于陶器上纹饰尝试的体现。不过，拍印画纹多数是出现在未磨光的陶器之上，如红陶瓢、盆等器皿之上就比较常见（图2-7）。不过，红陶并不是以纹饰取胜，最为精致的红陶器皿之上，往往不装饰纹饰。我们来看一则实例："钵，A型敞口或直口尖圆唇。标本H7:5，泥质红陶。通体磨光"（宝鸡市考古工作队，2003）。磨光对于红陶器皿来说才是其制胜的法宝（图2-8）。因为红陶主要是以细腻的胎体、温润的手感来取胜，这一点我们在鉴定时应特别注意（图2-9）。

图2-8　磨光红陶钵·新石器时代

图2-9　手感温润的红陶瓶·新石器时代

图 2-10　红陶灯·新石器时代

三、数　量

　　红陶是人们在遥远的新石器时代早中期最主要的日用陶（图2-10），墓葬和遗址内都有见。墓葬出土多以1～2件为多见，遗址出土数量较多。来看一则实例："钵出土数量最多，均为泥质红陶，陶色多为红色或红褐色，均手制。依口部形态可分为四型。"（宝鸡市考古工作队，2003）。例子就不再赘述。有的遗址内甚至可以见到数百件红陶（图2-11），在数量上显然比彩陶和灰陶等要多。从时代上看，红陶具有鲜明的时代特征，红陶的鼎盛时代从新石器时代早期开始直到中期接近尾声，包括著名的仰韶文化当中红陶的规模都是十分庞大（图2-12）；龙山文化时期开始衰落；不过商周时期中原地区之外依然有见。总之，红陶在总量上比较大，是当时的中国人最重要的日用陶。

图 2-11　红陶罐·新石器时代　　　　　　图 2-12　红陶葫芦瓶·新石器时代

图 2-13 完好无损的红陶瓶·新石器时代

四、品 相

中国古代红陶由于距离今天较为久远，在品相上表现出来的是参差不齐。遗存到今天的红陶既有完好无损、精美绝伦之器(图2-13)，更有残缺不全、损失严重者。不过红陶在当时是日用器，烧造温度相对较高，胎体较为坚硬，与同时期或者是较晚些的彩陶相比，品相较好，完整器还是比较多。不过显然要经历生活中的磕磕碰碰，因此，轻微的磕碰，如小口尖底瓶等有足磕和口磕等在所难免。从数量上看，多数完整器皿都是来源于遗址的发掘，城址内出土的红陶虽然不乏精致者，但大多残缺严重，留下的仅是残片（图2-14）。由于历史上红陶是人们日常生活当中的用具，遗留下来的也很多，品相好的精品很少。所以，红陶的收藏主要以品相和精品两点为主。保存完好的精品力作具有较高的保值和升值的潜力；但普通、甚至是粗糙的红陶制品由于不符合"物以稀为贵"的价值规律，所以在收藏价值上有限；而残缺的器皿，价值则大打折扣，所具有的多数是研究和艺术价值，经济价值不高。

图 2-14 残为碎片的红陶标本·新石器时代

五、功　能

红陶功能十分明确，主要是以实用为主，兼具有装饰的功能，如红陶葫芦瓶就是这样。之所以要将瓶做成葫芦的造型，显然就是为了吸引人们的眼球。大多数器皿，如碗、钵等不仅是产量大（图2-15），而且造型基本相似，看起来其所担任的功能基本相同，如红陶钵承担着盛器的功能。总之，红陶在功能上的特征十分明确，就是根据功能的不同，造型、精致程度在变化。由此可见，功能对于红陶各个方面的影响非常大。

图2-15　红陶碗·新石器时代

第二节　彩陶鉴定

一、造　型

彩陶是在陶器上用黑、红、银等色彩绘画，之后入窑低温烧制，呈现出美丽图案的一种陶器。彩陶的产生距今已有 6000 年左右的历史，主要流行于仰韶文化、马家窑文化、红山、屈家岭、

图 2-16　弧线圆点纹彩陶钵·新石器时代

齐家文化等，鼎盛时代为新石器时代中期，以仰韶文化为代表。

中国古代彩陶在造型上十分丰富，常见的器物造型主要有钵、瓶、罐、壶、碗、盆、瓮等。早期彩陶，在器物造型上特征比较分散，各种器物造型呈现出均衡化的发展态势。但是，随着时间的推移，至仰韶文化时期，中国古代彩陶在器物造型上逐渐向彩陶钵等少数器皿固定化，而且这一趋势看上去十分明显。仰韶文化庙底沟类型时期的彩陶钵在数量上已经占到整个彩陶器皿的90%以上还要多（图2-16）。具体来看，仰韶文化彩陶的器形并不是很复杂，以碗、钵、瓶、罐、折腹罐、盆等器形为主。其中，彩陶钵的数量最多，器形变化也最为复杂，有平底和圜底两种。平底的彩陶钵大多鼓腹或腹微鼓斜收至底，圜底的彩陶钵一般没有斜收至底的现象。仰韶文化彩陶钵的器形繁多，但器形与器形之间在大方向上是一致的，只是在细节上有细小的差别，并且这种细小的差别没有一个定式，从而使得仰韶文化彩陶钵的器形各异。即使有个别相同的器形，在大小上也有很大的区别。所以，鉴定仰韶文化彩陶钵关键是要掌握住它

图 2-17 弧线圆点纹彩陶钵·新石器时代

的基本器形，而不是钻到细节里出不来。这就是仰韶文化彩陶钵极
具个性化的器形特征。其实，整个仰韶文化彩陶的许多器形特征都
和彩陶钵的器形相似。这种相似性表现在仰韶彩陶的器形都是极具
个性化的，很少有两个完全相同的器形，至少也存在着大小上的区别，
所以，个性化是仰韶文化彩陶器形的根本特征。但是，这种个性化
并不是没有任何的限制，随意而就，而是有着一个大的基本的器形
存在，并影响着这些彩陶在器形上的变化。所以，整个彩陶世界的
器形，乍一看上去大大小小，非常凌乱，但是只要我们深入地研究，
就会发现其实并不凌乱，而是一大堆的很有个性特征的陶器。有钵、
有瓶、有罐，虽然每个器形都不同，但是，我们还是能够分辨出哪
些是钵，哪些是瓶。这就是因为它们在大的特征上是相同的。另外，
仰韶文化陶器当中的器形与它的功能有着极大的关系。最简单的例
子是在仰韶文化彩陶中的这些陶器由于施有彩绘（图 2-17），所以
不可能是蒸煮器。因为，如果与火接触，那么施彩的意义就失去了。
所以，在仰韶文化彩陶中很少有支足的存在。如果读者见到有支足
的仰韶文化彩陶存在的话，那么这件彩陶就很有可能是伪造的。因
此搞清楚仰韶文化彩陶中功能与器形的关系相当重要。这样的例子
举不胜举。但是，我们只要能够掌握以上仰韶文化彩陶器形与功能
上的关系，在鉴定时就可以游刃有余。从具体造型上看，中国古代
彩陶在造型上是各个文化类型表现出相同和异样并存的特征。仰韶
文化当中最典型半坡类型彩陶在造型上复杂化的趋势明显，敞口、
敛口、侈口、大口等最为常见，且相互之间均有打破。唇部、腹部、
足部、底部等造型也是这样，存在着相互融合的现象。目的是要通
过不断的尝试，力图在造型上达到最好，不断创新的气氛十分浓郁。

而半坡类型之后的庙底沟类型彩陶在造型上固定化的趋势明显，无论是口部、唇部、底部等造型都近乎达到了极致，自然流畅，弧度圆润，几乎件件作品都是精品力作。不过中国古代彩陶在造型上衰落的迹象也非常明显，如，半山类型彩陶在口部、唇部、腹部、底部等各种造型上都与马家窑类型彩陶类似，但已经没有马家窑类型彩陶复杂，固定化的趋势也非常明显。马厂类型彩陶在造型上也是这样，器物造型减少，以壶、瓮、罐等的造型为最常见，大型器物的比例上升，实用化的气氛浓郁，口部、腹部、底部等造型不再有创新，而是一味地延续。齐家文化彩陶在造型上延续了这一过程，在实用与装饰性的选择上，天平开始倾斜，实用性明朗化。彩陶再也不是一种艺术品，一种类似于礼器的神器，而变成了普通的生活用具，完成了彩陶在造型上衰落的过程。

二、纹　饰

仰韶彩陶的纹饰最为发达，这一点从仰韶彩陶上的纹饰全是几何纹可知。几何纹是什么？即抽象的图案，以鱼、鹿等动物纹、人面纹、三角纹、圆点纹、网格纹和一些不知名的几何纹饰为主。在仰韶时期，已不见写实的图案。这足以证明，在仰韶文化中存在着高度发达的彩陶文明。为什么这样说呢？例如，在红山文化中，写意的作品也十分多见，这类作品的共性主要是通过人们的想象将事物抽象化。直接反映到红山文化写意作品上的是将崇拜的动物神化，或是将神动物化。如红山文化中的"玉猪龙"头似猪，身、尾似蛇，小的卷曲，就像一个小圆饼，大的身体弯缩就像英文大写 C 一样，多数出土在死者胸前，估计为墓主人生前的护身符一类的物品。蛇是一种十分冷峻的动物，令人毛骨悚然。特别是在当时人类还十分弱小的情况下，只能把它当作神仙来敬。于是，人类开始幻想。然而，既然是神，那么它一定也有可敬之处。而猪是很早就被人们所驯化的一种十分温顺的动物，将蛇头换成猪头，这样的蛇或者是龙应该是很温顺的吧。人类将人性化的东西放在了凶猛、强悍的蛇身上，于是无人性的蛇就升华到了可以保护人类无所不能的神灵"龙"，连死后都把它带进坟墓做护身符。这是红山人对"玉猪龙"抽象思维的一个过程。虢国墓地的玉器和青铜器上的纹饰也有这种倾向。从这个例子当中，我们可以清楚地看到，人类思维和器物的抽象化是紧密相连的。思

维的发展总是先有写实再有抽象，就像画家画画一样，刚开始要画
实物，到后来就可以脱开实物，凭想象抽象地画了。这样我们就可
以总结出一个特点，既在一类器物当中，写实器物的年代要相对早
于抽象的器物。同样，仰韶彩陶上抽象图案的发展也符合这个规律。
所以，在仰韶彩陶上的纹饰图案，越是抽象的时代越晚；而靠近写
实的作品，在年代上要早。综上所述，我们可以看到仰韶彩陶上的
抽象图案是鉴定仰韶彩陶真与伪的最重要依据，它以曲线勾画为主，
流畅的线条，富有动感的画面，虽然构图规整，但笔道十分放开，
完全是仰韶人在思想上的宣泄。这样的作品是不容易仿制的，因为
抽象艺术最难仿制。再者是由于现代人和仰韶人在时代上的局限性
所致，没有人能够完全理解仰韶人所绘图画的真正含义，所以也就
没有人能够具有仰韶人的绘画功力和技巧（图 2—18）。看来仰韶彩
陶真的是不好仿制，我们只需要认清仰韶彩陶的真面目，然后进行
对比研究就可以区别真伪（图 2—19）。

图 2—18　彩陶圆点纹图案·新石器时代

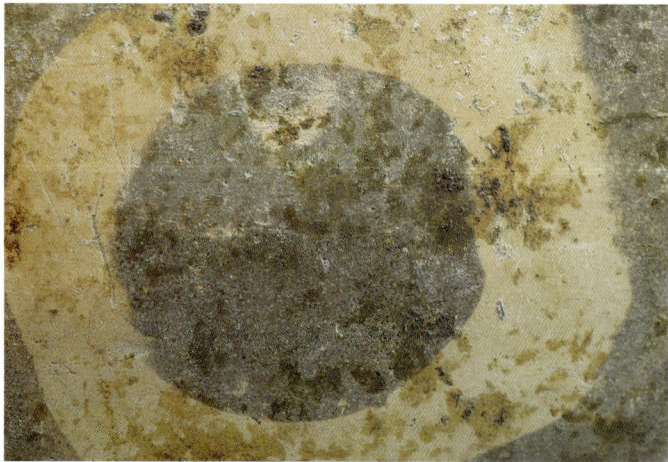

图 2—19　网格纹彩陶钵·新石器时代

图 2-20　弧线圆点纹彩陶钵·新石器时代

三、数　量

彩陶中具有礼器意味的艺术品（图 2-20），墓葬和遗址内都有见。墓葬出土多以 1 ～ 2 件为多见，遗址出土数量较多，但从总量上看彩陶显然比同时期的红陶和灰陶要少得多。"彩陶占一定比例，占 6.27%，多施于红陶之上"（河南省文物考古研究所等，2002）。由此可见，新石器时代仰韶文化中彩陶的数量并不是很多，在比例上占少数。从时代上看，彩陶具有鲜明的时代特征，彩陶是仰韶文化文明的象征，象征着彩陶文明的最高工艺水平（图 2-21）。彩陶文明从距今 6000 年前开始直至龙山文化开端，精美绝伦，象征着权力和地位，为君权神授的部落联盟酋长等原始社会上层服务。总之，虽然彩陶在总量上不是很大，但其影响和工艺水平却比同时期的红陶和灰胎大得多。

图 2-21　水波纹彩陶钵·新石器时代

图 2—22　残缺严重的彩陶标本·新石器时代

四、品　相

　　中国古代彩陶由于距离今天较为久远，在品相上表现出来的是参差不齐。遗存到今天的彩陶，既有完好无损、精美绝伦之器，更有残缺不全、损毁严重者（图 2—22）。彩陶的品相如果与红陶、灰陶等器皿相比，可以说是最不乐观的。主要表现是完好无损的比例太低了，几千件彩陶器皿中发现不了一件完好无损的器皿，绝大多数的彩陶都是经过修复而成的。彩陶在当时就是精美绝伦的艺术品。种种迹象显示彩陶在当时主要是用作神秘的礼器，自然磕碰等轻微残缺的情况很少见。特别是如口磕和足磕等现象，从实物观测来看都很少见。彩陶残缺的原因主要是由于保存环境的影响，直接叠压在土壤当中，经历几千年的风雨浮沉，以及地层扰乱，再加之胎体薄，烧造温度较低等固有特点，致使覆巢之下难有完卵（图 2—23），所有出土的彩陶器皿基本上都碎掉了。但这也成为了一个重要的鉴定依据，如果发现过多完整的彩陶器皿，很有可能只有一件是完整器，或者都是伪器。同时这也为彩陶的收藏提供了方向。彩陶收藏主要就是要收藏品相优的彩陶，因为这才符合"物以稀为贵"的价值规律，具有较高的保值和升值的潜力。而残缺的彩陶，由于研究和艺术价值的存在，同样具有一定的经济价值，但其经济价值的与完整器皿无法相比。另外，实用性的非主流期彩陶，即使完好无损，由于数量过多，并没有过于高的收藏价值。

图 2—23　残缺严重的彩陶标本·新石器时代

五、功能

彩陶功能十分明确，主要以陈设装饰性的功能为主，抛弃了实用性的功能，为新石器时代神秘礼器的一种。彩陶上的纹饰多数具有礼器意味，为兽纹的一种，承担着"通天礼地"的功能（图2—24）。另外，彩陶功能性特征重要组成部分就是它的艺术性，选料考究、淘洗精炼、造型隽永、规整，纹饰题材神秘，线条流畅、刚劲挺拔、苍劲有力，构图合理，繁简并举，加之精美绝伦的彩绘使得彩陶具有了相当高的艺术品功能。总之彩陶上的图案内容丰富，包罗万象，有些纹饰非常神秘，是当时统治人们的思想工具。就是靠这些彩陶本身所固有的美感和神秘性来控治人们的思想，维护统治。另外，彩陶上的图案还具有记录原始社会天象、巫术等功能。在文字未产生以前，这些图案具有文字的功能。彩陶是生产力发展到一定阶段的产物，是精美绝伦的艺术品，满足的是人们更高层次的精神需求。

图2—24 具有礼器意味的彩陶钵·新石器时代

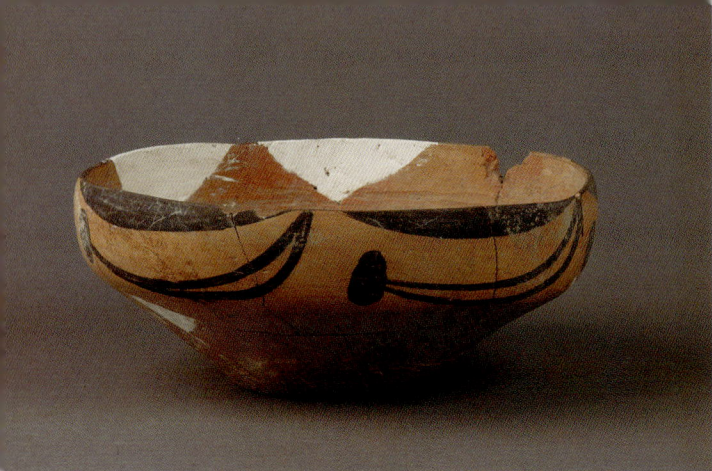

图 2—25　手感光滑的彩陶钵·新石器时代

图 2—26　彩陶钵标本·新石器时代

六、手　感

　　仰韶彩陶多是细泥红陶，手感非常的滑润、细腻，彩陶的正面较为光滑（图 2—25），反面的光滑程度稍差一些。还会有奇特的感觉，就是手上如果有汗会明显地感觉到被它吸收了，而其他的陶器则没有这种感觉。这样看来，仰韶彩陶的功能又多了一项：在夏季酷暑间拿一片仰韶彩陶标本把玩于手间，可保手中无汗。实际上，这也是一个很重要的鉴定要点。另外，多数彩陶通体光滑，有"如脂如玉"之感，美的感觉油然而生。但也有些彩陶的表面有一些非常坚硬如"铁锈"般的小斑点（图 2—26），集中处手下的感觉密密麻麻，但同时也能在没有"铁锈斑"的地方感到十分光滑。另外，彩陶在手感上的一个重要特征就是不是很重，大多数彩陶感觉轻盈，特别是比同样大小的红陶和灰陶要轻得多。这与彩陶的选料精良、淘洗精炼、造型隽永、胎体匀薄，有着密切的关联。

七、彩绘

仰韶彩陶的纹饰色彩是仰韶彩陶鉴定中的重点。在仰韶彩陶中，以黑彩为主，少数为红彩。黑彩涂抹中，很少有没有涂到的地方。看来在仰韶时期，涂彩技术已经非常成熟。仰韶彩陶标本上的色彩耐磨性非常强，有人曾用仰韶彩陶标本做过实验，无论洗过多少遍都不会退色。另外，黑彩并非纯黑，而是有些地方的黑彩较淡，可以透过淡淡的黑彩看到红陶的颜色。彩陶彩绘的特征比较复杂，我们随意来看一下：如仰韶文化彩陶中弧线圆点纹上的圆点大都在弧线纹的中心下方，有的紧靠着弧线，也有的略有分离，但相差距离都不远；另外，线条粗犷、豪放、苍劲、有力（图 2—27），流畅感、弧度感都达到了相当高的水平。有的时候，它的线条会越过最下面的一周黑彩，但越过黑彩的地方不会太多，这可能是因为笔道豪放所致。彩陶上的圆点纹，实际上并不太圆，像是我们现在用毛笔画逗号那样画上去的一样。圆点大小不一。一般情况下，同一器物之上圆点，大小基本相同，并且越小的圆点越圆。彩陶上的纹饰由于全都是人工所绘，所以，在仰韶彩陶上没有任何相同的线条。即使同样的线条和圆点之间，或多或少都有区别。推而广之，不同器物之上的纹饰区别就更大了。总之，彩绘与纹饰紧密相连，不同寓意的彩陶纹饰题材可能所使用的彩绘会不同。如在庙底沟类型彩陶中就发现有一些罐子上绘画有月纹，这些月纹所使用的色彩就不是黑彩（图 2—28），而是一些近似银色的色彩。由此可见，新石器时代人们在制作彩陶时还是考虑到了色彩的多样性，但是最终却没有在大多数彩陶上实现这一特点。绝大多数的彩陶上彩绘色彩都固定化到了黑彩之上，这一点我们在鉴定时应注意分辨，同时也是重要的鉴定依据。

图 2—28 略微银色的月纹彩陶罐·新石器时代

图 2—27 彩绘苍劲有力的弧线纹图案·新石器时代

第三节   仰韶文化弧线圆点纹彩陶钵鉴定

一、彩陶文明

在距今 6000 年左右，中原地区进入彩陶文明时代（图 2-29），也就是人们常说的仰韶文化彩陶时期。这是中国古代陶器的第一次高潮，无论从艺术、技术、工艺、烧造态度等诸多方面都达到了鼎盛。许多技术，特别是绘画艺术由写实达到抽象，达到了甚至我们现代人都无法超越的地步。需要指出的是，早期的彩陶文明与中原地区彩陶文明有着一定的区别。早期的彩陶文明从大地湾时期就已经产生并开始发展，但那时的彩陶在彩绘上还趋向于写实，真正能够达到艺术水准的作品很少。实际上，早期的彩陶作品都是这样，而且这一点并不受到仰韶文化文化西来说和本土论的影响，因为精品概念是显而易见的。还有就是彩陶文明后期，如商周时期，在中国的偏远地区依然还有彩陶出现。当然，本书也并不认为所有中原地区彩陶文明中的彩陶都是精品，而且这一点是十分明确的，不过在新石器时代中原地区的确是以彩陶文明来标榜，以至于在北方辽河流域红山文化玉器文明和南方长江流域良渚文化玉器文明遥相呼应之时，中原地区依然是鼎盛的彩陶文明，而且似乎丝毫没有受到影响。

图 2-29   网纹彩陶体·新石器时代

图 2-30　弧线圆点纹彩陶钵·新石器时代

　　由此可见，仰韶文化彩陶文明的强势。但中原地区彩陶文明的发展经历了产生、发展、鼎盛、衰落的全过程，在早期虽然有其他地区彩陶文明的借鉴，但只是偶有精品出现，随后这种精品的数量不断地增加，以至于在仰韶文化彩陶文明的鼎盛期，很少见到非精品的彩陶器皿，基本上件件都是精品力作。当然，这与彩陶"礼器"的功能有关（图 2-30）。不过，这一时期的彩陶的确都是精美绝伦的艺术品。当然，发展长达 2000 年之久的仰韶文化彩陶文明，也就是中原地区彩陶文明，终究也没有能够逃脱衰落的命运，这也照应了万事万物皆有生熄的运道。在仰韶文化晚期也就是在龙上文化逐步替代仰韶文化时期，彩陶实际上也就不大能够起到"礼器"的作用了，烧造质量及艺术水平大大下降。不过彩陶似乎是高贵和神圣不可侵犯的，特别是中原地区彩陶文明中衰落期的作品似乎不多，看来彩陶是一受到冷遇，便香消玉陨。

图 2-31 尖唇弧线圆点纹彩陶钵·新石器时代

图 2-32 鼓腹弧线圆点纹彩陶钵·新石器时代

二、造 型

1. 口 部

从口部特征上看，弧线圆点纹彩陶钵为敛口的造型。不过显然该类型器物内敛的程度较小，只是一种微敛口（图 2-31）。然而就是这一造型在彩陶钵上却具有相当的普遍性。但这一发展只限定在仰韶文化鼎盛期的作品之上，如庙底沟类型基本都是微敛口的造型。其他历史时期不是很稳定。由此可见，微敛口的造型似乎已经成为仰韶文化彩陶钵在口部造型上的正统。

2. 唇 部

该类型器物在唇部造型上的特征是尖唇（图 2-32）。实际上，这只是仰韶文化彩陶钵在唇部造型上的一种，如在仰韶文化较为典型的遗址西安半坡遗址以及河南三门峡的庙底沟类型遗址中除了尖唇外，还发现了尖圆唇、圆唇，甚至是方唇的特征。这说明，仰韶文化彩陶钵在唇部特征上是多元化的。但从众多的实例来看，尖唇显然在数量上是占有优势，只不过这种优势并不是太明显，不为人们所觉察而已。

3. 腹 部

该类型器物微鼓腹的造型显示着其尊贵的地位。从种种迹象来看，微鼓腹的造型多在鼎盛期的彩陶"礼器"之上出现。而我们知道，象征权利与等级地位的"礼器"，并非真正用来实用，所以出现这种微鼓腹的造型也是情理之中的事情。但这并不意味着微鼓腹在彩陶钵上的唯一性，实际情况是即使鼎盛期的彩陶钵在腹部造型上也有其他多种，诸如弧腹、微弧腹、斜弧腹、曲腹、微曲腹、鼓腹等等（图2—33）。由此可见，只不过微鼓腹的造型在数量上占据一定优势，特别是鼎盛期精品器皿上占据有一定地位。因为这样做显然使器物的流线感更强了，彩陶钵从造型上变得更加精美绝伦，而几乎所有的精品彩陶钵都具有这一特征。

4.底 部

弧线圆点纹彩陶钵在底部特征上很明显是平底，而且相对于整个器物造型来看，显然是小平底。大多数彩陶钵在底部特征上都是平底，只是在底部大小上有区别而已。通过对众多的器物观测，如对庙底沟类型数十件彩陶钵精品的观测来看，基本上都是小平底（图2—34）。而我们知道，庙底沟类型彩陶是彩陶文明发展至顶峰时期的作品，由此可见，彩陶文明中精品的彩陶钵在底部造型上基本以小平底为显著特征，这一点无可质疑。

图2-33 敛口弧线圆点纹彩陶钵·新石器时代

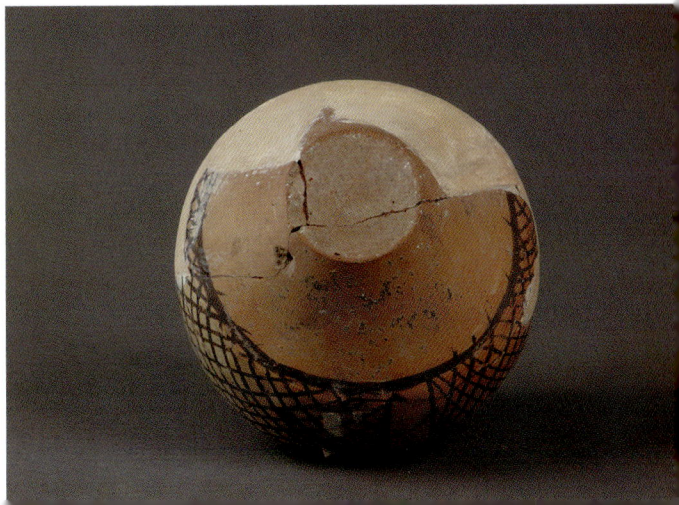

图2-34 小平底网纹彩陶钵·新石器时代

三、纹 饰

1. 色 彩

黑彩弧线和圆点组成的纹饰，全黑的色彩向人们展示着弧线圆点纹彩陶钵正统性的特征。诸多证据表明，黑色是仰韶文化彩陶文明中的主色调，绝大多数彩陶钵的色彩都是黑彩，特别是弧线圆点纹的色彩更是这样。所以陶器在色彩上的浓黑是再自然不过了。黑彩之所以频繁在具有"礼器"意味的彩陶钵之上出现，这显然与原始人对于黑色这一世界上最为幽暗色彩的不理解有关（图 2–35）。实际上，在漆黑的夜晚也是对于仰韶人最危险的时刻，意味着神秘。这是其彩陶钵上频繁出现黑彩的原因。而这些，都是我们在赏析一件陶器精品之时所必知的背景。

图 2–35 弧线圆点纹彩陶钵·新石器时代

2. 线 条

可以看到弧线圆点纹彩陶钵在线条上十分流畅，挥洒自若（图 2–36），粗旷之风犹存。但该类型器物可以说是精品中的精品。原因很简单，因为该类型器物总体来看在线条上还是规整的，收放自如，线条相互之间的对应比较接近，但又丝毫不觉拘谨。

3. 构 图

从构图上看，彩陶钵上的弧线圆点纹在构图上以疏朗为显著特征（图 2–37）；其次是讲究对称，将弧线圆点纹在彩陶钵上分成几

图 2–36 黑彩弧线圆点纹彩陶钵·新石器时代

图 2–37 弧线圆点纹彩陶钵·新石器时代

图 2—38 弧线圆点纹彩陶钵·新石器时代

图 2—39 弧线圆点纹彩陶钵·新石器时代

个区，绕行彩陶钵一周。由此可见，仰韶文化的一些精品彩陶钵之上的弧线圆点纹已不像最初时期那样简单，而是出现了复杂的趋势。

4. 粗　细

从线条粗细上看，该类型器物上线条十分的粗壮，线苍劲有力（图2—38），挥洒自如，整器粗线条勾勒，笔触微细迅速淡出。但这只是精品陶器在线条粗细上的特点，而并不是精品与平庸的分界线。

5. 浓　淡

黑色彩绘的浓淡程度变化比较大，或浓或淡。但这基本上也不能够成为区分精品与普通的标志，因为色彩浓淡程度的变化真正是无时无刻地不在进行。有的可以透过黑彩清晰地看到胎体的色彩（图2—39）。弧线圆点纹彩陶钵在黑色彩绘的浓淡程度上确是异常浓黑，我们几乎不能透过黑色彩绘看到胎体的色彩。虽然至此我们不能确切地认为浓黑而没有透感的弧线圆点纹是否与精品有关，但至少我们知道了在仰韶文化彩陶中还是有一些像此器一样非常浓黑色彩的器皿，而且数量比较少。而这本身也就是使其成为陶器精品的特质之一。

6. 主纹与辅纹

在该器物之上，主、辅纹的关系并不密切，显然没有弧线纹为主纹的迹象，同时也没有圆点纹为主纹的迹向，而是二者的相互作用。二者的关系是相辅相成，互为依托的关系，共同组成了弧线圆点纹的纹饰，那么这种关系在这种类型彩陶钵上也是被表现得淋漓尽致。

图2-40 弧线圆点纹彩陶钵·新石器时代

图2-41 弧线圆点纹彩陶钵·新石器时代

图2-42 弧线圆点纹彩陶钵·新石器时代

7.写　意

一件陶器精品之上的弧线圆点纹显然是写意作品的典范（图2-40），而且抽象到了相当的程度，仅仅用弧线和圆点就有表示出深层次的内涵。而且本书始终认为，不同的器皿之上的弧线圆点纹所表达的具体含义，因时因地而改变。不过具有共识的是弧线圆点纹所表达的并不是几何图案，所起到的作用也不仅仅是装饰，而多是一种兽纹，或者是与神灵和神秘的信息密切相关。

四、厚　薄

弧线圆点纹彩陶钵器壁非常之薄，当然也很轻。由于工作的原因，有幸接触过这一类型的彩陶（图2-41），"手感的确轻盈，几乎感觉不到重量，似乎手里没有拿东西一样，很担心，但一看还在手中"。这就是触碰这些国宝级文物的真实感觉。该特征还说明这些器物在胎体上是一个匀薄的过程，讲究原料的选择，而且在淘洗等诸多方面都是精益求精。总之是攻于细，其在器壁上的成就，至今几乎无人能及。

五、做　工

弧线圆点纹彩陶钵在做工上达到了极致（图2-42），人们无不为其做工而惊叹。从选料、淘洗、装饰、造型等各个方面用尽心力，追求卓越，几无缺憾。这样的器皿显然是不计工本，呕心沥血之作。工匠们必然是怀着虔诚的心在制作这些仰韶文化彩陶，而这显然是弧线圆点纹彩陶钵在做工上的指导思想。另外，通过观察诸多的庙底沟类型彩陶钵来看，在做工上这些器物并不是一个特例，它只是一件代表性的器皿，这种在做工上的虔诚态度有普遍化的态势。

六、完　残

弧线圆点纹彩陶钵很多实际上已经残损，经精修而成。但该类型器物保留了口沿和底部特征，是一件可以经过修复而完全复原的彩陶钵。到这里，人们不禁会想，这些精品陶器怎么是一件残缺的器皿？而事实上这的确是一件陶器精品（图2—43），特别是对于鼎盛期的庙底沟类型彩陶钵而言。虽然发掘它们的曾经都是中国最顶级的考古学家，但我所见到的几乎没有完损无缺的器皿。这不是说明遗址保存的不好，实际情况是，黄土高原的地下情况可能是最适应保存这些彩陶了。究其原因显然是这些彩陶钵实在是太薄了，"易碎"是其显著的特征。所以，我们能见到像这样完整程度的弧线圆点纹彩陶钵显然实属不易，应该为精品中的精品。在现实的考古发掘中，大量发现的是一些无口沿和底部特征的器皿，根本没有复原的可能性，人们只能望而兴叹。究其原因，显然最重要的因素是，庙底沟类型基本上所起到的都是"礼器"的功能，它的唯一原则是其精美绝伦性，之后便珍藏在某处，在当时绝没有人敢去碰碎它，所以根本不会考虑到其器壁的坚硬程度。这是我们在赏析彩陶精品时一定要理解的。

图2—43　弧线圆点纹彩陶钵·新石器时代

七、数　量

弧线圆点纹彩陶钵的数量十分丰富，特别是彩陶文明鼎盛时代的庙底沟类型弧线圆点纹彩陶钵，数量十分丰富。但线条粗犷者多，构图如此讲究对称，而且有一定严谨性的弧线圆点纹彩陶钵并不多见（图2-44）。通常的比例是这样的，如一个博物馆中有50件弧线圆点纹彩陶钵藏品，可能只会有一到两件是构图较为严谨的精品，其他多是呈现出燎原之势。

图2-44　弧线圆点纹彩陶钵·新石器时代

八、渊　源

弧线圆点纹彩陶钵的产生显然有其渊源性特征，不可能是无源之水。但目前还没有发现具体纹饰演化路线图，而是在仰韶文化经过深度的发展后，特别是在艺术进入抽象化阶段的产物。这一过程十分明显，开始先是写实的图案，随着人们对于仰韶彩陶的功能的不断再需要，无疑圆点和线条可以象征更多的涵义，给人以更大的想象空间。于是，类似现代西方抽象画的弧线圆点纹便出现在彩陶钵之上（图2-45）。其本质特征应该是其功能的需要。

图2-45　弧线圆点纹彩陶钵·新石器时代

图 2-46 网纹彩陶钵·新石器时代

图 2-47 彩陶钵·新石器时代

九、功　能

　　弧线圆点纹彩陶钵在功能上十分明确。从器壁的厚薄程度来看，器壁太薄，首先排除其实用的可能性。那么，不计工本，耗费工匠所有智慧的弧线圆点纹彩陶钵在功能上的特征显然是只有一种，既"礼器"的功能（图 2-46）。礼器象征等级、地位、权利，与神秘的巫术相联，其崇拜的焦点主要为自然神和部分动物神灵。巫师和部落首领拥有这些上面施有神秘纹饰的彩陶钵，就等于有了与"天地神灵"交流的方式，这也为其权力来源找到了合适解释，来自于"神授"。这是弧线圆点纹彩陶功能的核心。然而，统治者为了达到这种目的，显然就要将彩陶制作得精美绝伦，像神灵一样的决无瑕疵的"神器"，究其根本原因，实际上，弧线圆点纹彩陶是因功能而生。

十、伪　器

　　弧线圆点纹彩陶钵的伪器很少见（图 2-47）。其原因倒不是作伪者不想做，实在是因为仰韶文化之后直至今天，人们再也难以做出像仰韶文化彩陶那样精美绝伦的彩陶器皿了，哪怕是接近的都很难达到。所以，历代做伪高手不会触及这个雷区，因为这样做等于自尽。特别是像弧线圆点纹彩陶钵这样高难度的精品，伪器更是少之又少。但以上讲的是高仿品，至于一些低俗的仿品，应该不在我们讨论的范围。不过本书在这里提一下，目前的确在市场上发现了一些弧线圆点纹彩陶钵的仿品，但仿得太差了，简直不堪入目。这样的仿品，我想没有任何鉴定知识的人也很容易认出来，就没必要再讨论了。这都是一些还没有入道的人，不能称之为作伪者的人所仿造出来的。

十一、复制品

弧线圆点纹彩陶钵虽然伪器比较少，但近些年来复制品比较多。这些复制品以博物馆制作为主，与伪器的区别主要在于目的不同。伪器为了牟利，目的就是冒充真品，而复制品多数是为了达到仰韶文化彩陶工艺，配合展览的需要而烧造，无论烧造得好与坏，多会给人们留下明显的标记，告诉人们这是复制品。不过对于仰韶文化精品的复制效果并不明显，有的投入的资金也很大，烧造出了一些水平较高的作品。但与弧线圆点纹彩陶钵真品的差距还是全方位的。由此证明，原始社会并非像人们想象的那样落后，在有些工艺上，原始人的确已经将其发展至顶峰，以至于我们现代人很难企及（图2-48）。

图 2-48　网纹彩陶钵·新石器时代

十二、价　值

1. 研究价值

弧线圆点纹彩陶钵具有重要的研究价值，它所承载的历史信息是全方位的（图 2-49），不仅仅使我们可以看到那个还没有文字时代的点点滴滴，而且可以看到当时上层建筑层面上的重要信息。如，礼器、巫师、酋长、宗教、信仰等诸多方面。毕竟人们日常生活当中的器皿很多，但非实用器皿的彩陶在新石器时代相比却是少之又少。总之，从研究价值上讲，出土的彩陶器皿应该是新石器时代研究的重要例证。如果说没有对它们的研究，那么我们就无法了解到6000 年之前就辉煌的中原地区彩陶文明。

2. 艺术价值

弧线圆点纹彩陶钵在艺术上的成就绝不亚于其研究价值。弧线圆点纹并非简单的线条艺术，也并非装饰，而是有着深刻背景、内涵、渊源的艺术。它的出现，使我们看到了艺术由低级向高级、由写实向抽象发展的全过程。从画功上看，仰韶文化彩陶上的弧线圆点纹决不是随意而就，而都是一些笔力苍劲，线条流畅、自如的惊世之作。通常的画工是不可能画出任何一条弧线的，而只有经过生死般残酷的训练之后才能达到如此高的水平。所以说，彩陶钵上的弧线圆点纹是一种境界（图2-50），是人世间最美的艺术品。在中国美术史上占有重要的地位，以及起着开先河的作用。

3. 经济价值

弧线圆点纹彩陶钵具有超强的研究和艺术价值，使其在经济价值上必然也是青云直上。不过，目前中国拍卖弧线圆点纹彩陶钵的实例真的还比较少（这里指的是鼎盛期的彩陶钵）。其原因倒不是没有人去买，而是因为太少了，有也只是碎片，有底有口沿可以复原的器皿都是少之又少。所以，一旦出现完整器皿的鼎盛期弧线圆点纹彩陶钵，那么必然是天价（图2-51），但从现实的情况来看，如庙底沟类型弧线圆点纹彩陶完整器出现的可能性几乎没有。所以，人们应该寄希望于可修复器的精修品的出现。这应该是未来体现其经济价值方向。另外，真正鼎盛期的弧线圆点纹彩陶钵片状物，也就是无底和口沿不可复员器皿，这样的器皿由于其在研究和艺术价值上仅仅是失去了造型之韵，但其他的价值还在，所以其升值的潜力非常巨大。目前，真正好的可能已达数万、乃至数十万，但是仍然是难觅踪迹。所以，一定要确立精品概念，如果为非精品或者是非鼎盛期的作品，那么不要说是彩陶片了，就是完整器皿也是众多的。

图2-49　弧线圆点纹彩陶钵·新石器时代

图2-50　弧线圆点纹彩陶钵·新石器时代

图2-51　弧线圆点纹彩陶钵·新石器时代

第三章　灰陶与釉陶鉴定

图 3-1　灰陶鬲·新石器时代

第一节　灰陶鉴定

一、造　型

灰陶是继红陶、彩陶之后而兴起的陶器工艺，灰陶在弱还原气氛中烧制，能够烧制灰陶是制陶技术进步的标志，新石器时代晚期的龙山文化当中灰陶已是比较普遍，基本上取代了红陶和彩陶，成为人民日常生活当中主要的实用器皿。

中国古代灰陶在造型上特征比较明确，以繁复为显著特征，几乎当时出现的各种各样的器物造型都涉及到了。如，鼎、簋、鬲（图 3-1）、壶、釜、灶、仓、博山炉、俑、薰炉、耳杯、豆、盂、碗、杯、陶范模、盆、甗、钵、罐、瓮、盘、纺轮、陶球、砚、盒、楼、牛车等（图 3-2）。可见器物造型众多，涉及到人们生活中的方方面面，是人们在日常生活当中使用最广泛的实用器皿。如灰陶豆就是用来盛咸菜和豆酱用的（图 3-3）；灰陶罐用来盛物（图 3-4）；灰陶瓶用来盛酒等等（图 3-5），其功能枚不胜举。从造型的衍生性上看，灰陶在造型上的衍生性随着其实用功能而发展和演变。如子母口灰陶盒口部造型十分规整，基本上不发生衍生，因为一旦造型发生衍生，显然会导致子母口扣合不严的后果。但是像灰陶豆等在造型上的衍生性就比较强，不同的豆的造型可能在一个时代就有数十上百种，但这些造型都是基于灰陶豆基本造型基础之上，

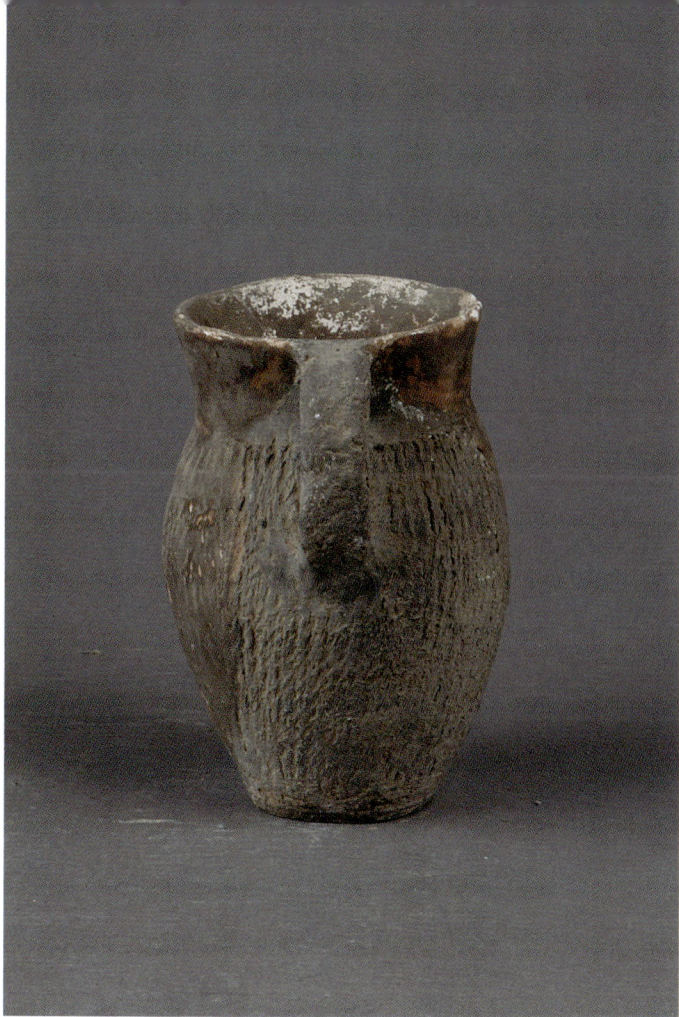

图 3-2　灰陶杯·新石器时代

如柄高矮、以及盘大小上做出改变，并不会超于其基本造型（图 3-6），同时罐、碗、盘、碟等都是这样。当然，灰陶器皿中还有一些陶质的明器存在，但主要集中在汉六朝时期（图 3-7），其他时代的规模并不是很大，在整个灰陶史上也占不到主流地位。

图 3-3　陶牛车·六朝

图 3-4　灰陶豆·春秋

图 3-5 灰陶瓶·新石器时代

图 3-6 灰陶罐·新石器时代

图 3-7 较矮灰陶豆·春秋

图 3—8　构图合理的灰陶鼎·战国

二、纹　饰

　　中国古代灰陶在纹饰上特征十分明确（图 3—8），早期纹饰较为繁缛，如新石器时代的灰陶绳纹、斜绳纹、横绳纹、粗绳纹、细绳纹、交错粗绳纹、粗斜绳纹、斜线纹、方格网纹、指甲纹、指窝纹、篮纹、圆圈纹等都常见。纹饰种类虽然比较多，但主要是以刻划纹为显著特征，题材以几何纹为主，并不复杂，只是一些简单装饰。从装饰纹饰方法上看主要以刻划纹为主，兼具有附加堆纹、指甲纹、拍印纹等。从时代上看，中国古代灰陶纹饰有着鲜明的时代特征（图 3—9 至图 3—11）。如西周时期陶器上的主要纹饰有绳纹、篦纹、弦纹、三角纹、云雷纹、方格纹、回纹、曲折纹、菱形纹、波浪纹和夔纹等，可见西周时期的灰陶纹饰是传统与时代性的结合。方格纹、绳纹等显然是传统的纹饰；而云雷纹、夔纹等显然是奴隶制社会青铜器上的典型纹饰，带有浓郁的时代气息。其他各个时代都是这样，例子就不再赘举。但是灰陶从根本上看并不是以纹饰取胜。随着时代的发展，灰陶上的这些简单的纹饰也显得力不从心，进一步黯淡。如元代陶器上的纹饰很少，大多都是素面的陶器；明清时期也是这样。从线条上看，中国古代灰陶在纹饰上线条流畅，豪放，挥洒自如，这主要与其民间窑场烧造的性质有关。从构图上看，构图讲究对称性，但绝不是完全的对称，主、辅纹的关系明确，繁简并举，构图合理（图 3—12）。

图 3—12　陶质明器镇墓兽·六朝

图 3-9　绳纹灰陶罐·新石器时代

图 3-10　绳纹灰陶鬲·新石器时代

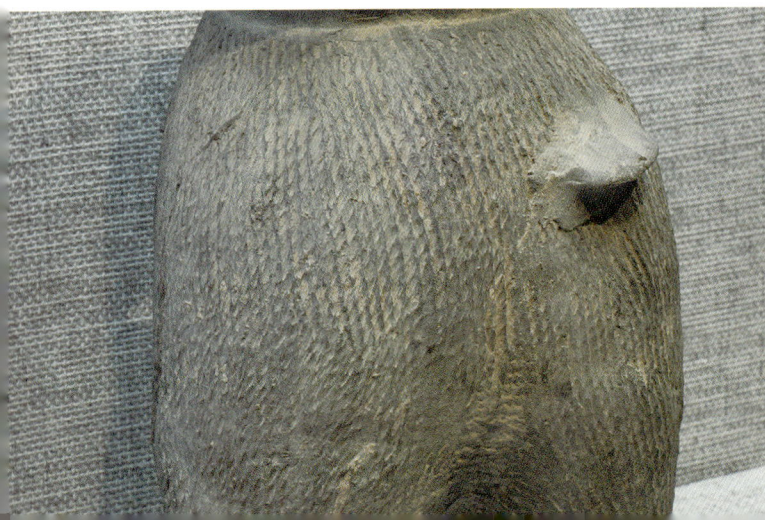

图 3-11　绳纹灰陶鬲·新石器时代

图 3-13　灰陶盆·战国

三、数　量

　　灰陶是人们日常生活当中最主要的日用陶（图 3-13），墓葬和遗址内都有见。墓葬出土多以 1 ～ 2 件为多见，遗址出土数量较多，其总量可谓是规模庞大。灰陶的数量与时代有着密切的关联。新石器时代晚期已经占据主流地位；夏商周时期占据绝对主流地位；秦汉时期也是这样，几乎所有的日用器都可以找到灰陶的影子（图 3-14），包括人们吃饭用的饭碗都是陶质的；东汉晚期，瓷器产生以后，灰陶在数量上受到了相当程度的打击，人们在餐桌上再也不愿意看到粗质的陶碗等器皿存在；灰陶的地位在六朝时期逐渐被瓷器所取代；隋唐五代直至明清时期更是这样。但灰陶即使在被瓷器取代主流地位的时候，其仍然有一定的保有量。一些大型储藏器具（图 3-15），如瓮、罐、壶等都还是使用灰陶器皿。由此可见，灰陶的确是与人们的生活息息相关，灰陶伴随着人类历史不断地创造着新的文明。

图 3-14　茧形灰陶壶·秦代

图 3-15　灰陶罐·唐代

图 3-17 残缺的灰陶鼎·新石器时代

图 3-18 有轻微口磕的灰陶罐·新石器时代

图 3-19 精致的灰陶多子盒·六朝

四、品　相

中国古代灰陶由于距离今天较为久远，在品相上表现出来的是参差不齐。遗存到今天的灰陶既有完好无损、精美绝伦之器（图 3-16），更有残缺不全、损失严重者（图 3-17）。不过灰陶在当时是日用器，烧造温度相对较高，胎体较为坚硬，品相优者还是很多。特别是一些在当时随葬的灰陶明器，在品相上几乎如新的一般。真正使用的器皿要经历生活中的磕磕碰碰，因此轻微的磕碰的灰陶器皿也很常见（图 3-18）。从数量上看，多数完整器皿都是来源于遗址的发掘，城址内出土的灰陶虽然不乏精致者，但大多残缺严重，仅留下了残片。由于历史上灰陶是人们日常生活当中的用具，遗留下来的也很多，品相好的精品常见，所以很多人喜欢收藏灰陶。但灰陶的收藏绝对是要以品相优的精品为上（图 3-19），如若不然，就会不符合"物以稀为贵"的价值规律，升值和保值的功能会受到一定程度的影响。

图 3-16 完好无损的灰陶瓶·唐代

图 3-20 实用功能浓郁的灰陶盘·六朝

五、功　能

　　灰陶功能十分明确，主要是以实用为主（图 3-20），兼具有装饰和明器的功能。在功能上，灰陶具有鲜明的时代特征。在遥远的新石器时代，以及夏商周时期，灰陶也被用于随葬，但专有的灰陶明器很少见，基本上都是使用实用器下葬（图 3-21）。专有的灰陶明器大规模的出现，是在秦汉时期，其造型与实用器基本相同，只是在烧造温度、工艺上略差（图 3-22）。

图 3-21 实用器随葬灰陶豆·战国

图 3-22 灰陶仓·汉代

第二节 釉陶鉴定

一、造 型

釉陶即在陶器上施釉，以铅釉陶为主，低温烧造，呈现出绿、黄、褐等色彩，主要是做为明器来使用，并不在现实生活当中使用。

图 3-23 绿釉陶仓·汉代

中国古代釉陶在造型上特征比较明确，以繁复为显著特征，几乎当时出现的各种各样的器物造型都涉及到了。如，水塘、水田、摇钱树、琴、鼎、簋、鬲、狗、壶、釜、灶、仓（图 3-23）、博山炉（图 3-24）、俑、薰炉、豆、盂、碗、桌子、陶范模、盆、甗、钵、罐（图 3-25）、瓮、杯、耳杯（图 3-26）、盘、纺轮、陶球、砚、盒、楼、牛车、陶井台、磨房、羊圈、猪圈、勺、火锅（图 3-27）、瓢、缸等（图 3-28）。可见器物造型众多，涉及到人们生活的方方面面。不过，这些器物造型多数是现实中器物的缩写版，如将巨大的粮仓缩小成为了可以拿在手中的绿釉陶仓；将庄园经济象征高耸的陶楼缩小成了人的高度。当然，并不是所有的器物造型都是缩小的，其遵循的原则是大的缩小，而普通的生活用具则是原始比例，如碗、钵、罐、壶、瓶、盒、盘等都是这样（图 3-29）。特别是耳杯的大小与实用灰陶杯的大小基本相当。从造型的衍生性上看，绿釉陶器的衍生性造型与实用灰陶器皿相比不是很强，有固定化的趋势。如绿釉陶壶几千个几乎都是一样的，很少在造型上有大的变化（图 3-30）。这一点应该很好理解，因为明器并不像现实生活当中的器皿需要各种实用功能。

图 3-24 绿釉陶博山炉·汉代

图 3-25 绿釉陶罐·汉代

图 3-26 绿釉耳杯 · 汉代

图 3-27 绿釉陶瓢 · 汉代

图 3-28 绿釉陶火锅 · 汉代

图 3-29　绿釉案板·汉代

图 3-30　绿釉陶壶·汉代

图 3-31 兽面铺首纹绿釉标本·汉代

二、纹 饰

中国古代釉陶虽然主要是以釉质取胜，但也常见有纹饰（图3-31），如弦纹、麻布纹、乳丁纹、鱼纹、兽面铺首纹（图3-32）、青龙、白虎、朱雀、玄武、虎、豹、鹿、猴、野猪，及其他飞禽走兽等都有见。可见，中国古代釉陶在纹饰上还是比较复杂的，除保留下弦纹、麻布纹等少量传统几何纹外，大量加入的是一些具有象征意义的四神及有镇墓兽风格的纹饰。从装饰纹饰方法上看，主要以刻划纹为主，兼具拍印、浮雕等方法。从构图上看，汉代绿釉陶器在构图上有时比较复杂，我们来看一则实例："鼎2件。通体施黄绿釉，钵形盖，盖正中耸起一乳丁，上凸饰各种图案，一周弦纹将盖面分为内、外两区。内区围绕乳丁布有青龙、白虎、朱雀、玄武四神图像，外区有虎、豹、鹿、猴、野猪等相逐于山林。鼎腹呈半球形，圜底，子母口，腹中部饰一周凸弦纹，下附三龙形足。"（咸阳市文物考古研究所，2004）。由此可见，这件釉陶鼎上的纹饰繁缛，但是层次分明，并不凌乱，主、辅纹的关系明确，构图的合理性也很强（图3-33）。从线条上看，中国古代釉陶在纹饰上线条流畅，但力度往往不够，显然为一般的工匠所绘。

图 3-32 弦纹绿釉陶碗·汉代

图 3-33 纹饰较繁缛的绿釉熏炉·汉代

三、数 量

釉陶是随葬的明器，墓葬当中十分常见（图 3-34），遗址内几乎不见。墓葬出土多为 1 到数十件，大墓当中随葬数百件的情况也不鲜见，其总量可谓是规模庞大。另外，我们还发现，墓葬随葬釉陶数量的多少，以及随葬器皿的器物造型主要以墓主人生前现实中所有拥有的器物量为依托（图 3-35）。由此可见，釉陶与人们的生活息息相关。

图 3-34 绿釉陶俑·汉代

图 3-35 绿釉陶猪·汉代

图 3-36 精美绝伦的绿釉陶仓·汉代

四、品 相

中国古代釉陶由于距离今天较为久远，在品相上表现出来的是参差不齐。遗存到今天的釉陶既有完好无损、精美绝伦之器（图3-36），更有残缺不全、损失严重者。不过，由于釉陶主要是下葬用的明器，直接随葬在墓葬当中，从理论上讲，在墓葬未受到扰乱的情况下品相都应该非常好，如同新器一般。事实也的确如此，大多数釉陶在品相上比较好，只有少量的器皿有轻微、甚至有严重残缺的现象。由于釉陶整体品相都比较好（图3-37），所以在收藏时一定要选完好无损的精品陶器，这样才会有保值和升值的潜力。

图 3-37 保存完好的绿釉陶瓢·汉代

图3-38　并不实用的绿釉陶耳杯·汉代

五、功　能

　　釉陶功能十分明确，是专门用于随葬的明器（图3-38），采用的是实用的造型，但却是以装饰为显著特征。当然，当时人对于绿釉陶器的看法可能和我们现在有所不同，在河南省卢氏县文管会发现了一件绿釉陶鼎，上面写着"用此器葬者，后世富贵宜子孙"（图3-39）。由此可见，釉陶在汉代是一种非常吉祥的器皿，寓意着吉祥如意和对未来的憧憬。

图3-39　鼎盖上有铭文的绿釉陶鼎·汉代

第四章　陶砚与澄泥

第一节　唐代箕形砚鉴定

唐代的陶砚台以灰陶泥砚为多（图 4-1）。在造型上有一种箕形砚非常的流行，在大多数唐代墓葬当中都发现了箕形砚的身影，看来在唐代陶砚十分盛行。下面我们来看唐代最为盛行的箕形砚。

一、从造型上鉴定

呈簸箕形，长方体，前高后低，在砚面形成坡度，从墓葬中出土陶砚台大多整个砚面都被墨汁所覆盖，底部前面有两个方形足，足部也呈前高后低形状，底部也多有墨汁痕迹。唐代这些箕形砚的大小不一（图 4-2），有的大一些，有的很小；底足有的高，也有一些砚台的底足较矮，多数光素无纹。另外，多数陶砚的底足显得规则，显然是经过仔细的修胎；而有一些箕形砚的底足未经过仔细地地修足，显得较为粗糙。通过对一些博物馆存放的陶砚进行观察，发现箕形砚的胎内常有一些圆洞存在，但这些长约 0.5 厘米的圆洞并未穿透砚体，只是浮现在砚体表面，底部有时也有这种孔。

图 4-1　灰陶菠箕形泥砚·唐代

图 4-2　箕形泥砚·唐代

图4-3　带有墨迹的箕形泥砚·唐代

图4-4　箕形泥砚·唐代

二、从墨汁痕迹上鉴定

关于砚台的墨汁痕迹。在有些墨汁痕迹很密集的地方（图4-3），当我们用手指抠时，很容易将这些墨汁抠下来了。这是由于砚台的胎体相当的细腻、致密，烧造温度又高，所以不存在墨汁沁在砚台上的现象，这一点我们在鉴定和辨伪的时候要特别注意。同时，由砚台上的墨汁痕迹，我们也可以看到，在唐代未出现专有的明器砚台，一般都是实用器随葬。

三、从胎质上鉴定

从胎质上看，唐代灰陶砚的胎体手感滑润，但吸水性不强，即使有汗的手指在上面来回滑动，也不会像仰韶文化陶器那样将手上的汗液沁入其中。而且，质地相当坚硬。这一点从出土的唐代灰陶砚多数保存完好的情况上可以看出。有极个别的砚台也有损坏，但这些损伤都是一些边缘的磕撞痕，没有从整体上呈碎裂的现象。从敲击胎体的声音听，我们可以听到一般陶器没有的很响亮的声音。这是因为，灰陶砚的胎体一般都无裂纹或穿孔，所以才会出现这样悦耳的声音。从胎体的色彩看，多为细泥红陶，胎质细腻、致密，器里器外基本一色（图4-4），未作过多的装饰。看来，唐代灰陶砚主要是以质地取胜，而不是以其他。这些箕形灰陶砚的功能主要是以实用为主，用于观赏和陈设方面的功能很少。

四、从泥质上鉴定

唐代灰陶砚的胎体多数用的是澄泥。如中国历史上四大砚之一的虢州澄泥砚，在唐代主要生产地就在今天河南三门峡地区。那么，从河南三门峡（陕州古城遗址）附近墓葬中出土的唐代箕形砚台来看，使用的大多数都是细腻的黄河岸边澄泥。所以，在河南三门峡市博物馆，我们看到了很多的唐代澄泥砚，这些澄泥砚色略泛黄（图4-5），质地细腻，手感滑润，胎体匀净。由此可见，黄河澄泥之好。所以，直到今日在这座城市里还有相当多烧制澄泥砚的作坊。由于唐代澄泥砚主要是以实用为主，在造型上不是很多。而今天人们烧制的这些澄泥砚很少仿唐代的造型，而是随意而就地创造出了很多的造型。虽然在造型上它们不汲取唐代澄泥砚的成就，但是，在泥质上，这些陶砚都使用的是澄泥。因为，只有澄泥才能烧制出绚丽的色彩和细腻如软玉般的质感。但唐代砚的质地也不都全是澄泥烧成，在三门峡博物馆我们就发现了一件色发灰黑的灰陶砚。当然，这种为陶罐色的灰陶砚的陶土淘洗也是相当匀净，胎体细腻，手感滑润，坚硬异常。但是用料非澄泥，所以，烧出的砚台就如青砖灰瓦的色彩。一般情况下，这种砚台的修胎仔细，如我们在三门峡博物馆发现的

图4-5 胎体坚硬的箕形陶泥砚·唐代

图 4-6 箕形灰陶砚·唐代

图 4-7 箕形澄泥砚·唐代

灰陶砚两只方足修得就非常规整。但是，这种不是澄泥质地的陶土可能不太适合烧制砚台。因为，从这件砚台上看，烧造的温度已经很高了，但是，胎体的致密程度还是不如澄泥砚。我们在砚台上面发现的墨汁痕迹已经沁入了胎骨，所以，我们说这样的砚台，胎体的细腻和致密程度可能有问题。因为评判砚台优与劣的一条重要标准就是胎体是否已经烧结，而烧结的标准就是不能吸墨。看来，这种砚台应是当时比较差的一种，但从发现的数量上来看，该种类砚台在唐代应该不是很多。而唐代箕形砚数量却有很多，造型简单实用，应为当时最为流行的砚台造型。看来唐代的砚台主要特征应该是以澄泥砚为主，灰陶砚为辅（图 4-6）。但不论是灰陶砚台还是澄泥砚上均无复杂纹饰或装饰。另外，从澄泥砚不吸墨，而灰陶砚有一些吸墨的现象，我们可以看出，唐代箕形砚的另一个重要的优劣标准是以泥质取胜（姚江波，2009）。

五、从高度特征上鉴定

唐代陶砚的高度特征较为固定化，多集中在 2～5 厘米（图 4-7）。这个高度特征与现在的砚台相比，可能算是较矮，但这个高度绝对是写毛笔字最适合的高度，比较实用。由此可见，唐代澄泥砚的高度造型的主要特点是为了实用的需要而设计，而不是其他。所以，如果见到过高过大的器皿，就应该考虑断代的问题，或者干脆就是伪器。

图 4-8　箕形灰陶砚·唐代

图 4-9　箕形澄泥砚·唐代

六、从厚度特征上鉴定

唐代陶砚的厚度特征也是比较固定化的，多数集中在 1.2 ～ 1.6 厘米（图 4-8）。这样一个厚度不算厚，甚至我们现在人会怀疑它的实用性。因为，在我们的感觉中，砚台需要磨墨，所以厚度应该很厚才对。但是实际的情况是，唐代的簸箕形砚台多数是用澄泥烧成的，特别的结实，硬度和韧度都非常好，如磐石般坚硬，且犹如金银般有韧度，所有一般很少有的碎掉的情况发生。如果有人拿一个破破烂烂的唐代澄泥砚，那多半是伪器。

七、从长度特征上鉴定

唐代陶砚的长度特征多集中在 11 ～ 20 厘米。由此可见，唐代澄泥砚在大小上还是大小不一。有的砚台可能比其他的大一倍，这一点很正常，因为毕竟是商品，要供人们选择，所以客观上需要多种型号。但没有过大者，当然过小的情况也很少，强调的是其实用性的特征。

八、从宽度特征上鉴定

唐代陶砚的宽度特征主要为集中在 5 ～ 10 厘米（图 4-9），这样的宽度也会使砚台显得大小不一，而且有的相差还是比较大。但是砚台的宽度也体现出了唐代陶砚超强的实用性，携带非常方便。

九、从口部特征上鉴定

唐代陶砚的口部宽多集中在 10 厘米左右，这样的宽度，大小适中，比较适合携带，随时随地可以将这样的陶砚拿出书写文字。想必这样的尺寸特征也是经过多少书生的试验而来的心得（图 4-10）。由此可见，唐代与我们想象中的奢华略有不同，至少在陶砚上给人的感觉是实实在在的。

图 4-10 箕形澄泥砚·唐代

十、从件数上鉴定

唐代陶砚的件数特征比较明确。遗址中很少见，多为墓葬出土。想必是当时的人在去世之后对于未来世界的一种美好憧憬，所以将砚台随葬。一般都是出土 1 件（图 4-11），多的情况也有见，但显然为偶见。

澄泥砚是唐代使用最广的一种砚台，也为中国四大名砚之一。这种砚台，唐以前就非常有名，主要是凭借黄河上的澄泥烧制而成，色彩有一定的变化，手感细腻、滋润，有玉一般的感觉，又有陶土的气息，烧成后结实耐用，是最好砚台之一。澄泥砚宋元时期都有见，明清亦有之。

图 4-11 箕形澄泥砚·唐代

第二节 清代澄泥砚鉴定

清代陶器与明代陶器相比又有了新的变化（图 4-12），主要有两种趋势：一种趋势是工具类明器减少；另外一种趋势是俑类减少。两种减少造成了清代陶制明器的急剧衰落，除了民间使用的日用品，如，罐、虎子、缸、瓢等外，一般很少有其他质地的陶器存在。总之，明、清两代的陶器，不论是实用器还是明器之间的差距都不大，不再赘述。但是，清代陶器又有了一些新特点，这就是由于清代中后期复古主义思潮的涌起，金石学成为文人雅士们追求的一种雅学，这一切都使得历史上的一些陶器又一次回归到了清代。例如，有一种器物，在唐代非常有名，在清代金石学的影响下，又一次重新兴盛起来，这就是有中国历史上四大名砚之称的澄泥砚。我们在唐代的一节里已经讲过举世闻名的唐代虢州澄泥砚，但是，后来被宋元时期兴起的石砚逐渐排挤出市场。在清代，随着人们复古情绪的高涨，澄泥砚又一次频繁地出现在人们的面前，形成了人们对使用陶砚的热情。下面就让我们来看一看清代的澄泥砚。

图 4-12 灰陶砚·清代

图 4-13 灰黑色澄泥砚·清代

一、清代澄泥砚鉴定

清代澄泥砚的烧制水平很高，但在烧制特点和风格上与唐代有所不同，在澄泥砚的品种和色彩上都有创新。

在清代，澄泥砚为中国四大名砚的地位仍在延续(图4—13)。因为，我们发现了许多用澄泥烧制而成的陶砚，而且烧制澄泥砚的地区和规模都不断地在扩大，在新安县境内也发现一些烧制澄泥砚的作坊。澄泥砚的故乡，是唐代的虢州，金代称陕州（今河南省西部三门峡市），这个地方自唐至清一直生产着澄泥砚。我们在河南三门峡博物馆看到了不少清代的澄泥砚，有一件较为典型：为八棱形，平底砚。直径21.5厘米、高2.5厘米，口沿为1厘米。在砚面上内凹有2厘米深的圆形凹槽，平底内凹，相对应砚的底部略向上鼓。在砚台的口沿上饰有8组以圆珠纹为主的纹饰。这8组纹饰分别与八棱对称，底部饰有一组双鱼纹，在双鱼纹的一侧又有"陕州工艺局澄泥砚王玉堂造"的陶戳印文，相当的清晰，所有的纹饰和文字都是以竖行排列，这可能与清代人们书写文字的方式有关。从做工上看，这件澄泥砚的做工不太好，因为整个器物有变形和塌陷现象，这可能是由于该砚的造型比较大所造成的。其实，这也不应该成为这件砚台有变形现象发生的原因，因为，如此高的烧造温度，再加上是用澄泥烧制，这种现象是不应该发生的。但是，事实上清代的澄泥砚却发生了这样的事情，解释变形现象形成的原因，唯一解释就只剩下了一条了，那就是清代人不太重视澄泥砚的做工。那么，清代澄泥砚所重视的什么呢？很明显，我们可以看到这件清代澄泥砚的造型很复杂，呈八棱形，而且器形硕大，底部向上凹，砚面向上凸等特征。这些都使得这件澄泥砚的造型显得复杂，而这种复杂的陶砚造型其用途也不完全是为砚台的实用性而设计。因为，如果仅仅是为砚台实用性而设计的话，完全没有必要将砚台做得这么大。一个口径为21厘米的砚台是根本不需要的。看来，清代澄泥砚的造型硕大，还有其另外的一个目的，就是为了装饰的需要。

图 4-14 蛙形泥砚·清代

二、蛙形澄泥砚鉴定

清代蛙形澄泥砚是清代澄泥砚中流行很广的造型（图 4-14），其造型多为：整器凹形，呈蛙蹲状，欲跃，腹鼓，子母口，但很少见盖，可能本身就无盖。蛙背深凹呈一大一小的两部分，深凹槽为砚，底部鼓。在三门峡博物馆可实地观测到一件清代蛙形澄泥砚：腹上有"陕州工艺局王玉瑞造"竖排楷书款，通体黑色；蛙的头部有两只大眼睛和小嘴，眼珠外凸，外有双圈包裹；口的上部有五道竖线纹为饰，两侧饰两条带状连珠纹。胎质已烧结，敲击有金属声，有铁质感，但手感滑润。观砚台内有一些红色颜料痕迹及墨汁痕，可见清代陕州澄泥砚应该为实用器，而不是供人玩赏的工艺品。看来蛙形澄泥砚应该是清代陕州地区，也就是今天的豫西地区三门峡和洛阳一带特别流行的陶砚。仅河南三门峡博物馆和文物考古研究所 2 处就发现有几十件这样的蛙形澄泥砚。它们有一些共同的特点：其底部不是太规则，明显系对蛙观察不足，模仿不当所致，像是鳖足，有鳖、蛙足不分的特征。一些蛙形泥砚前高后低，少数的砚台高低较为均衡，看来清代陕州澄泥砚仍属写意作品。另外，在做工上，大多数砚台烧造很成功，其共同特点就是胎质坚硬无比，敲击质地有声。这可能是由于澄泥砚在当时是实用器的缘故，必须要求其质地很坚硬。所以，陕州澄泥砚很少有破碎的现象，虽然过了很多年但仍然是完好无损，手感细腻。但也有一些不是这样的：不是细腻而是粗糙，呈色也不稳定，底部有较多手印纹留在上面；底足有的大有的小，很不规则；眼睛外突，但无双圈包裹，似有许多不真实感，眼部两边的圆珠纹也较小，一些则没有。另外，清代澄泥砚的色彩多为黑色，但是，这些添加上的黑色多易脱落，有很多砚台脱掉黑色，在局部露出了澄泥的本色。澄泥砚是自唐代以来就在中国较为流行的砚台品种，以造型隽永，雕刻凝烁，线条流畅为主要特点，是中国历史上的四大名砚之一。元明以降，直至清代都特别的流行。但是，至清代，澄泥砚的烧造技术有了一些退步，主要烧制的还是一些实用器，很少烧制既实用又可用于观赏的造型。而蛙形澄泥砚则突破了这一点（图4-15），应为清代澄泥砚中在这方面的代表品。以上是清代陕州澄泥砚的一些显著特点，我们在鉴定过程中应该引起注意。

澄泥砚作为中国的四大名砚，至今依然窑火不熄。但澄泥砚显然在当代受到了极为严重的挑战，因为人们很少用毛笔写字了。所以现在的澄泥砚多是一些观赏砚，看起来非常的漂亮，造型也是多种多样。唐代簸箕形砚台的那种实用的气息已不在。不过少数一些精品的砚台在工艺、题材、雕刻等方面还是相当有造诣，我们收藏应该以精品为主。今日之砚台我们就不再赘述。

图4-15 蛙形泥砚·清代

第五章　古瓷标本

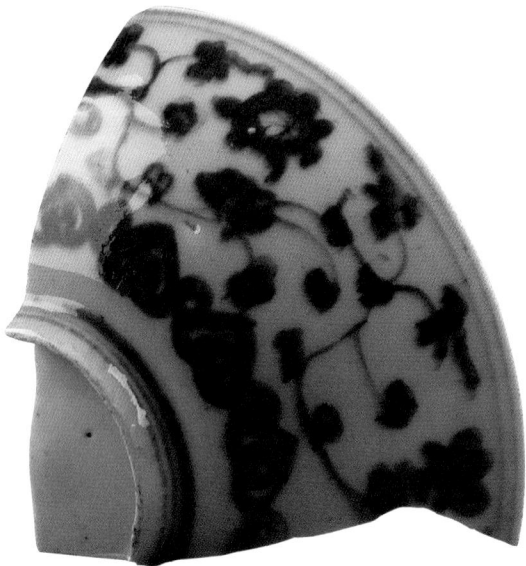

图 5—6　弘治花卉纹青花瓷标本·明代

　　瓷器的发明是中国人的一大创举（图 5—1）。在漫长的古瓷器烧制史中，青瓷、黑瓷、白瓷、秘色瓷、青花瓷、白釉黑彩、红绿彩、釉里红、青花釉里红、斗彩、五彩、珐琅彩、粉彩等等（图 5—2），各放异彩。唐代的南青北白，宋代的官、哥、汝、定、钧五大名窑，元、明的青花瓷，共同将中国古瓷的烧造技术推向了巅峰状态（图 5—3）。中国古瓷造型隽永，许多人都喜欢收藏。但是，并非所有的古瓷器都适合人们收藏。例如，元代青花瓷，由于当时主要销往中亚细亚及东非沿岸的伊斯兰地区，国内存量很少，形成了物以稀为贵的市场行情，不仅是天价，而且难觅，目前古瓷器最高拍卖价已进入亿元范畴，普通老百姓很难收藏。在这一趋势下，古瓷标本就成为大众的收藏品（图 5—4）。何谓古瓷器标本？古瓷器标本的概念较为灵活。广义上的古瓷器标本是指同一类型的古瓷器，其中的任何一件都可以作为另一件的标准器，即参照物（图 5—5）。但狭义上的古瓷器标本是指有缺陷或不完整的古瓷器，一般把残存致有底有口沿的古瓷器，称之为标准的古瓷标本（图 5—6）。但在研究工作中只要是能够反映古瓷器某个方面特征，如，纹饰、胎质、圈足、釉汁、颜色等，均可以称之为古瓷器标本。古瓷器标本具有很高的价值，它的价值仅次于古瓷器本身，简单可概括为研究价值、艺术价值、经济价值。在有些方面，古瓷器标本的研究价值又是古瓷器所不能代替的。如取胎质做数据分析，观看胎质的致密程度、

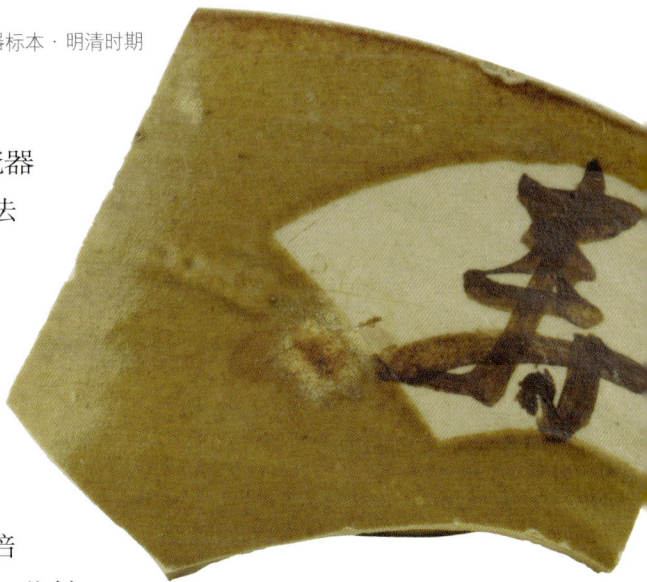

图 5-8　白釉画花瓷器标本·明清时期

色彩等。以上充分说明了古瓷标本在古瓷器
鉴定中的重要性，即没有古瓷标本就无法
鉴定古瓷器（图 5-7）。如，一件元青
花古瓷器标本，好一点的仅需数十万
元左右就可以搞到了，且具有极大
的升值空间。例如 1997 年的一块
元青花标本，在上海只能卖到 800 元
左右，但是现在已经攀升至数万元、甚
至数十上百万的价格。经过多年的市场培
育，近年来，古瓷器标本热日趋升温，一些拍
卖行还进行了古瓷标本，或者较残瓷的拍卖，成为人们议论的焦点（图
5-8）。另外，在暴利的驱使下，大量伪造的古瓷器标本充斥着市场，
广大收藏者经常在市场上买到假货，所以本书提醒大家在购买古瓷
器标本时，一定要先辨明真伪。

图 5-4　建窑油滴天目釉瓷器标本·宋代

图 5-5　精美绝伦的兔毫釉茶盏标本·宋代

图 5-7　天蓝釉钧瓷碗标本·宋代

图 5-1 汝窑瓷器标本·宋代

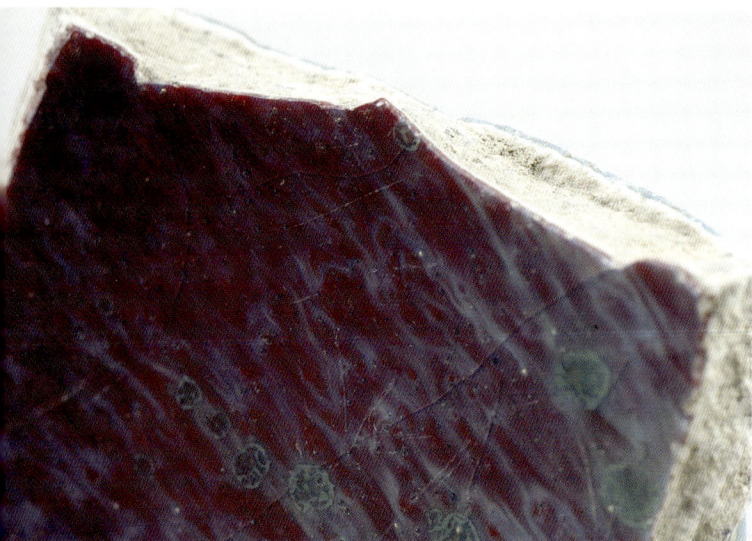

图 5-2 黄白胎钧红釉瓷器标本·宋代

图 5-3 纯黑釉灯·明代

第一节　东汉至五代古瓷器的收藏

在从东汉至五代这一漫长的历史长河中（图5-9），瓷器经历了从无到有的发展过程，先后出现了青瓷（图5-10）、黑瓷（图5-11）、白瓷及各种颜色釉瓷器的萌芽（图5-12）。它们无论基础如何，其发展速度都是相当惊人的。如白瓷仅用了很短的时间就成为当时的明星（图5-13）。特别是这一时期瓷器中心有往北方转移的趋势。唐代黑瓷的中心已经转向北方；白瓷和青瓷形成了"南青北白"的局面（图5-14、图5-15），这是瓷器发展史的上的大事。古瓷器发展期所发生的这一切都为鼎盛期的到来做好了准备。因此这一时期的古瓷器标本收藏也十分有意义。

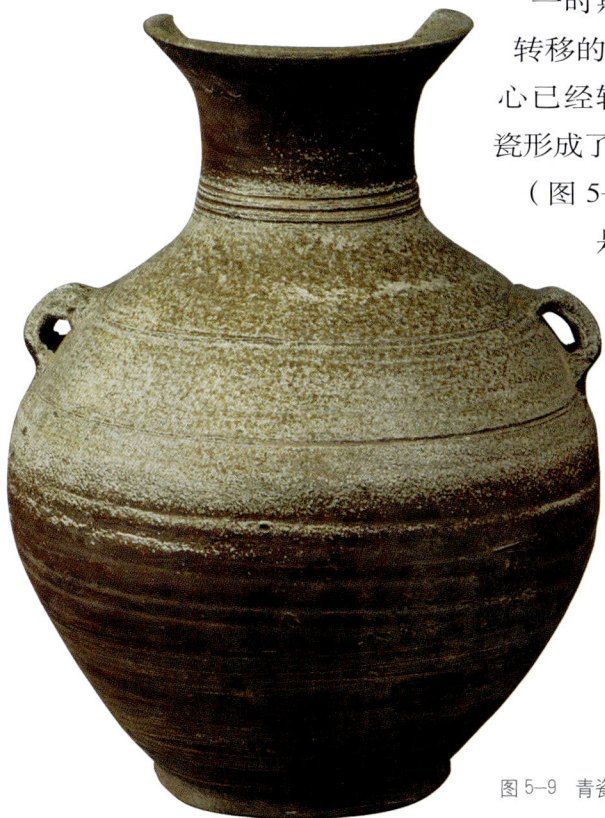

图 5-9　青瓷双系壶·六朝

图 5–10　艺术价值较高的青瓷盒·唐代

图 5–11 瓷化程度较高的黑瓷瓶·唐代

图 5–12　灰白釉白瓷标本·唐代

图 5-13　精美绝伦的白瓷盒·唐代

图 5-14　玉璧足青瓷标本·唐代

图 5-15　"类雪似玉"玉璧足白瓷碗·唐代

图 5-16　有裂缝的邢窑白瓷碗·唐代

一、研究价值

这个时期的古瓷器标本有些是收藏者必需要有的，如黑瓷、白瓷、青瓷以及黄釉等等颜色釉瓷器（图 5-16）。如果没有，那么你就不能算作是一个真正的古瓷器标本收藏者。因为它们都是具有开创性的，一旦没有，你就无法从标本上看到唐代为什么会形成"南青北白"的瓷业格局（图 5-17）。再如邢窑的时间从兴起到衰落并不长，但它和其他瓷系的关系相当密切。如果没有收藏到邢瓷的古瓷标本，那唐代的瓷器还怎么去研究。它的重要性就不必再强调了。总之，这个时期的古瓷器标本在整个古瓷器史的研究中占有重要地位（图 5-18）。

图 5-17　略厚胎白瓷盂·唐代

图 5-18　有裂缝的邢窑白瓷唾壶·唐代

图 5-19 "通销天下"的邢窑玉璧足白瓷碗·唐代

图 5-20 精美绝伦的青瓷盒·唐代

二、艺术价值

　　这一时期的古瓷器是鼎盛期到来的前夜，艺术价值特别高（图5-19）。在装饰手法上，越、婺、瓯窑在六朝前期的装饰极为繁缛，体现了古瓷器艺术在装饰上的伟大成就。越窑的青到了极致（图5-20），邢窑的白"白如雪"（图5-21），连这一时的黑瓷也黑到了家（图5-22），是历代最黑的时候，其中所蕴含的艺术价值都非常之高（图5-23）。总之，发展期的古瓷器标本是研究古瓷器艺术成就的最好标本之一。

图 5-23 黑瓷执壶·唐代

图 5-22 黑瓷瓶·唐代

图 5-21 邢窑雪白釉瓷盒·唐代

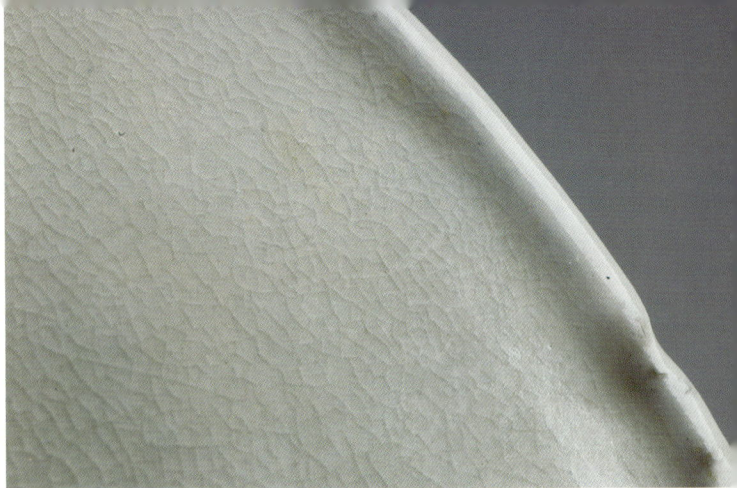

图 5-24 雪白釉白瓷碗·唐代

三、经济价值

　　发展期古瓷器的研究价值和艺术价值（图 5-24），决定了这一时期的古瓷标本具有较高的经济价值（图 5-25）。对于一种收藏来说，首先是易于收藏。这一时期的产品，由于在当时是商品，产量极大，各地的老百姓都用，这样就使得发展期的古瓷器标本与其他时期的标本相比最易收藏（图 5-26）。时至今日，全国各地基本上都散落有发展期古瓷器标本的遗存，如果人家盖房子或盖楼施工时，你去看一看，也许很容易就能够拣得几块不错的古瓷标本（图 5-27）。虽说"物以稀为贵"，但是，如果我们收藏者总是收藏不到稀有的标本（图 5-28），那么"物以稀为贵"的原则又体现在那里呢？就不如去收藏那些能够收藏得到的标本。如邢窑白瓷标本，虽然，这一时期的古瓷器标本很多，较易寻找和购买，但它的价值依然不低，其市场价格多在几十至上百元之间。从今后来看，随着对发展期古瓷器研究的深入，这一时期古瓷器标本的经济价值也会随之增高（图 5-29）。

图 5-25 橙红胎白瓷碗·唐代

图 5-26 残缺黄釉瓷器标本·唐代

图 5-27　青瓷粉青标本·宋代

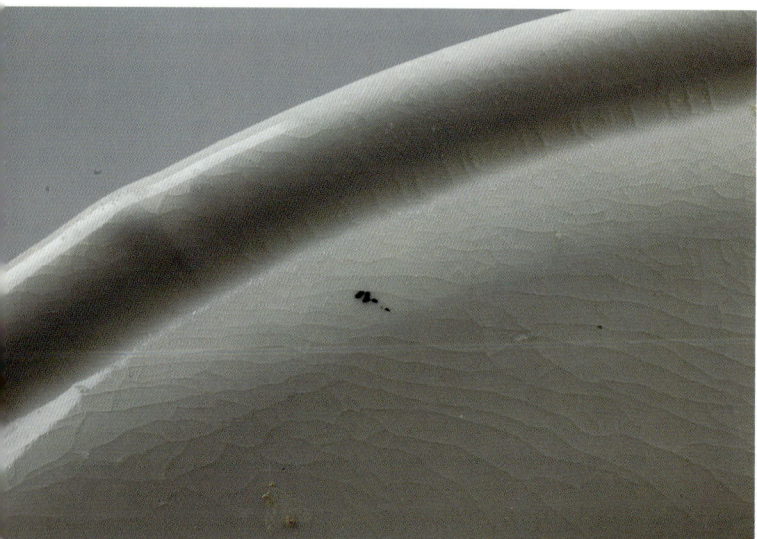

图 5-28　釉质稠密的白瓷碗·唐代

图 5-29　精美绝伦的白釉泛青瓷盒·唐代

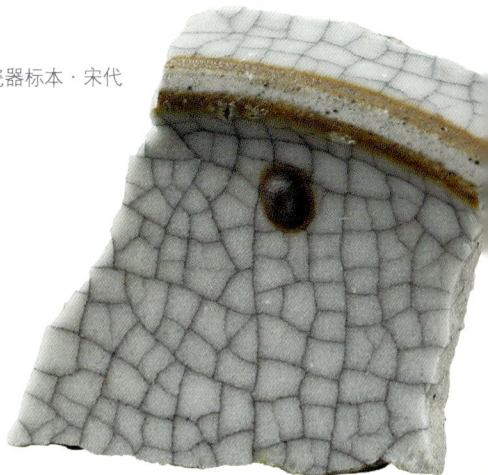

图 5-34 淘洗精炼的哥窑瓷器标本·宋代

第二节 宋元古瓷器的收藏

　　宋元古瓷器标本收藏，是收藏爱好者们的春天（图 5-30）。这一时期，有大量珍贵的古瓷标本供我们收藏。其特点是珍品多，分布广，易收藏（图 5-31）。这一时期的古瓷器标本无论在研究价值（图 5-32）、艺术价值（图 5-33）、经济价值上都非常高（图 5-34）。让我们来分析一下宋代五大名窑的古瓷器标本，看一看如何收藏鼎盛期的古瓷器。

图 5-30 哥窑瓷器标本·宋代

图 5-31 淡黄釉绞胎瓷器标本·宋代

图 5-32 月白类汝似钧釉瓷器标本·宋代

图 5-33 "香灰胎"高岭土料汝窑瓷器标本·宋代

图 5-35　官窑瓷香炉·当代仿宋

一、官　窑

　　居于五大名窑之首的官窑，特别是北宋汴京官窑（图 5-35），窑址至今还没有找到。据考古学家推测，可能是被压在今天的开封城地下 6 米左右。要想找到它不是一件易事（图 5-36），所以收藏者收集不到官窑瓷器标本也是正常的（图 5-37），因为根本就没有。南宋官窑会有窑址发现，但古瓷标本流入市场上的也非常少。所以收藏者在收藏的时候也要小心。

图 5-36　官窑瓷香炉·当代仿宋

图 5-37　官窑瓷香炉·当代仿宋

图 5-39 敞口哥窑瓷碗（三维复原图）·宋代

二、哥 窑

哥窑的窑址更是扑朔迷离（图 5-38），比官窑更加令人迷惑，目前仅见传世品（图 5-39），未见过有标本出土。所以收藏者在收藏标本时可以将哥窑排除在外，不必做无用的努力（图 5-40）。

图 5-38 淘洗精炼的哥窑瓷器标本·宋代

图 5-40 哥窑瓷器标本·宋代

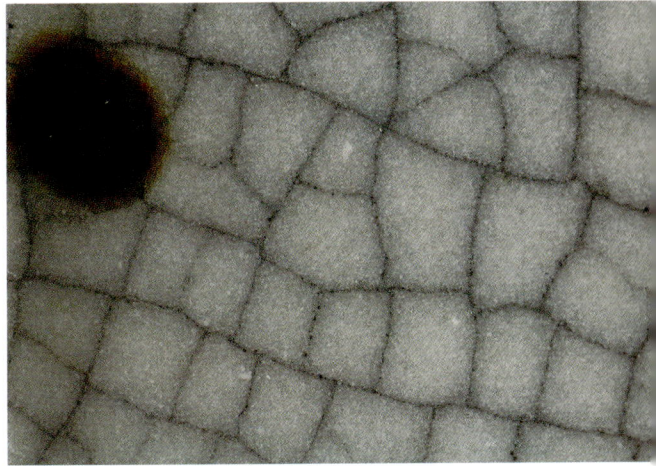

图 5-42　汝窑瓷器标本·宋代

三、汝　窑

　　汝窑的窑址已经发现（图5-41），在河南宝丰的清凉寺内。出土了一大批古瓷器标本，但已经被抢先而去的访问者搜寻得一片不剩（图5-42）。我们现在再到窑址上去是没有任何意义的(图5-43)。目前，市场上多有出售汝官窑古瓷标本的，有真有假，收藏者在收藏的时候一定要先辨别真假（图5-44）。

图 5-41　汝窑天青釉瓷器标本·宋代

图 5-43　汝窑略厚釉瓷器标本·宋代

图 5-44　精美绝伦、通体施釉的钧窑系产品·宋代

四、定　窑

定窑白瓷甲天下，且遗存到今天的定窑瓷器标本非常多（图5-45）。这一时期的古瓷标本，只要我们留心（图5-46），都能收藏得到。收藏者只要掌握定窑白瓷的特点，就能收藏到定窑白瓷标本（图5-47），因为这一时期的白瓷标本很好收藏（图5-48），在这里就不再赘述了。

图5-45　化妆土较为粗糙的白瓷杯·宋代

图5-47　釉质稠密的白瓷盘·宋代

图5-46　敞口白瓷碗·宋代

图5-48　子母口白瓷盒·宋代

图 5-50　有裂缝的钧瓷碗·宋代

图 5-52　有磕伤的钧瓷碗·宋代

五、钧　窑

　　钧窑古瓷标本的收藏应该说比较容易（图 5-49），因为钧窑窑址分布非常广，使用钧窑的地区在当时也是非常广（图 5-50）。遗留下来的钧窑标本很多，再加上钧窑古瓷标本的特征十分明显（图 5-51），大多数收藏者只要能见到钧瓷标本，一般都能将它收集起来。工地采集的钧窑标本就不必辨真假了，一定是真的（图 5-52）。但要是到市场上去买，如北京的市场上就很难买到真品（图 5-53）。因为钧瓷较易仿烧，现在仿的钧瓷很多（图 5-54），而这些钧瓷最多也只能卖到百元左右（图 5-55）。有些不法商人就把它摔碎来卖（图 5-56），有的里面还掺一些真的钧瓷标本（图 5-57），令收藏者真伪难辨（图 5-58）。

图 5-49　色彩绚丽的钧红釉瓷器支足·宋代

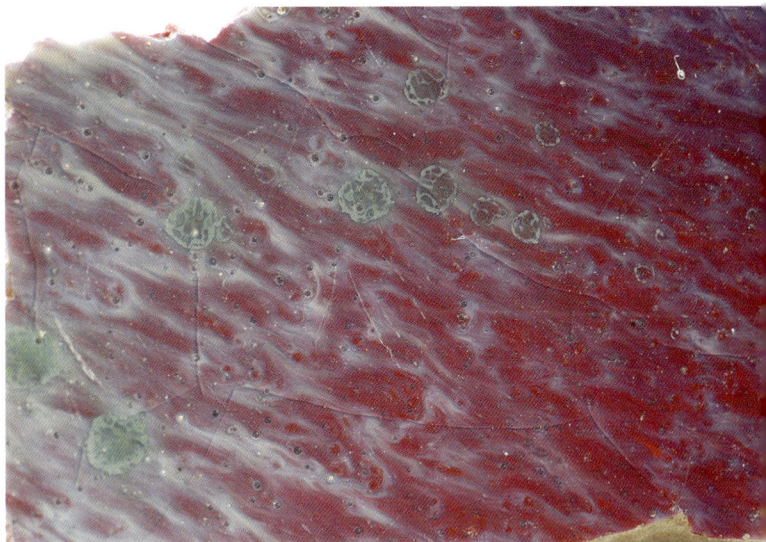

图 5-51　犹如幻境的海棠红钧瓷标本·宋代

图 5-53　钧红釉瓷碗（三维复原图）·宋代

图 5-54　钧窑天蓝釉碗·元代

图 5-55　钧红釉瓷器标本·宋代

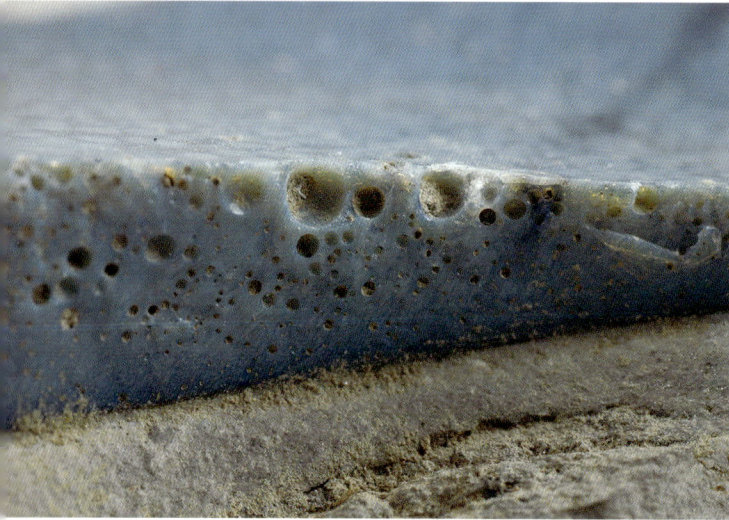

图 5-56　厚釉钧瓷标本·宋代

图 5-57　精细化妆土钧红釉标本·宋代

图 5-58 色彩艳丽的柿红釉钧瓷标本·宋代

六、青花瓷

鼎盛期青花瓷的收藏是古瓷标本收藏的重点（图5-59）。青花瓷留存下来的古瓷标本不多（图5-60），这与元代青花瓷主要是外销瓷有关。因此，元青花标本价格高，收藏者不是很容易收藏到（图5-61）。另外，伪造的比较多，而青花瓷的鉴定又是各种瓷器中较难的，所以，收藏时应先辨明真伪。

图 5-59 万历青花瓷标本·明代

图 5-60 进口青料"苏麻漓青"标本·元代

图 5-61 典型至正型青花瓷标本·元代

七、其 他

这一时期是中国古瓷器发展上的鼎盛期（图 5-62）。除了五大名窑和青花瓷外（图 5-63），还有许多窑场，也非常的著名（图 5-64），影响也很大。如宋代浙江龙泉窑（图 5-65）、江西吉州窑、福建建窑等等生产的瓷器（图 5-66），产量特别大，在全国销售（图 5-67）。这一时期，有些民窑青瓷的质量有些下降，使得黑瓷在人们生活中作为日用器广为流传（图 5-68），从产量上看已经可以和青瓷（图 5-69）、白瓷形成三足鼎立的局面了（图 5-70）。另外，从各地的古瓷器标本来看，黑瓷在数量上比其他种类的瓷器还占优势（图 5-71）。而且，通过分析发现，南方地区的黑瓷标本遗存不及北方多；再者，北方金代也烧制了许多青瓷、黑瓷、白瓷、

图 5-62 汝窑瓷器标本·宋代

图 5-63 天蓝釉钧瓷标本·宋代

图 5-64 口部有残缺的黑定盏·宋代

图 5-65 龙泉窑青瓷碗·宋代

黄釉、绿釉等，其影响都特别大（图
5-72）。元代景德镇继续烧造青白
瓷（图 5-73），成为景德镇瓷业的一
大特色（图 5-74），其成功地烧制了
蓝釉、孔雀绿釉瓷等品种。其他地方名
窑也在继续烧制各种民间使用的产品(图
5-75)，如蓝釉、酱色釉、黄釉、青白瓷
等等（图 5-76）。这些古瓷标本的收藏很重
要，有时一块标本就能反映出一个窑的主要特点，
有着极高的研究和经济价值（图 5-77）。

图 5-76 耀州窑青瓷标本·宋代

图 5-66 精美绝伦的兔毫釉盏·宋代

图 5-67 手感略重的官窑瓷炉·当代仿宋

图 5-68 瓷化程度较高的精致黑瓷碗·宋代

图 5-69 瓷化程度较好的青瓷罐·宋代

图 5-70 小口白瓷罐·宋代

图 5-71　造型隽永的建窑兔毫釉盏标本·宋代

图 5-72　三支足青瓷炉·宋代

图 5-73　景德镇窑青白瓷盏标本·宋代

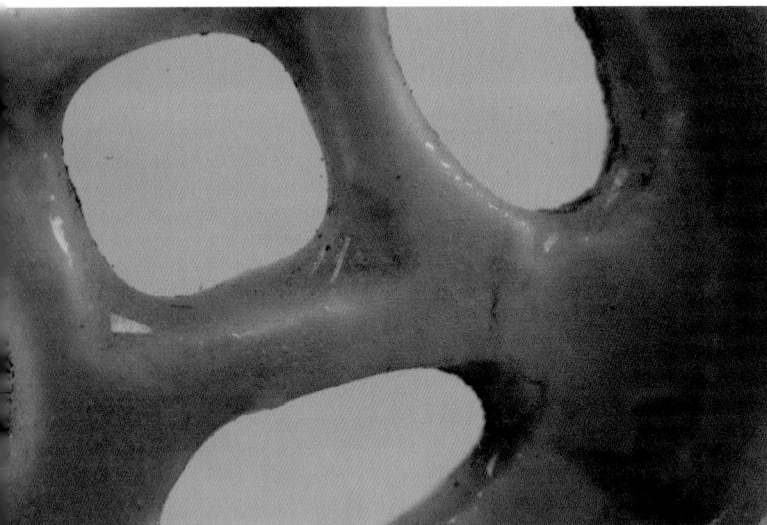

图 5-74　装饰性较强的镂空青白瓷窗饰·宋代

图 5-75　"类汝似钧"钧窑系标本·宋代

图 5-77　青白釉色支足标本·宋代

图 5-78 精美绝伦的青花盘·清代

第三节 明清古瓷标本的收藏

　　明清及民国瓷器，距我们年代很近（图5-78），遗留下来的古瓷器标本非常多，受到广大古瓷器爱好者的亲睐（图5-79），主要有两个特点：一是珍品多，易辨伪，二是价格低，易收藏。这两个特点决定了明清的古瓷器标本应该大量收藏（图5-80），能够采集到的多采集一些，但是应该有选择性的去采集。如因为这个时期的古瓷器标本特别多，即使在城市里走路偶然也可以碰到（图5-81）。有时候，一个工地上的土堆中就有数万片古瓷器标本（图5-82）。这时就不能照单全收，那样做也没有任何意义，而是要去拣。所谓"拣"就是要拣到有价值的标本（图5-83）。什么样的标本有价值呢？那就是看它是否具有研究价值、艺术价值、经济价值。有的标本什么价值也不反映，就不要收藏它（图5-84）。

图 5-79 造型隽永的精细胎体粉彩杯标本·清代

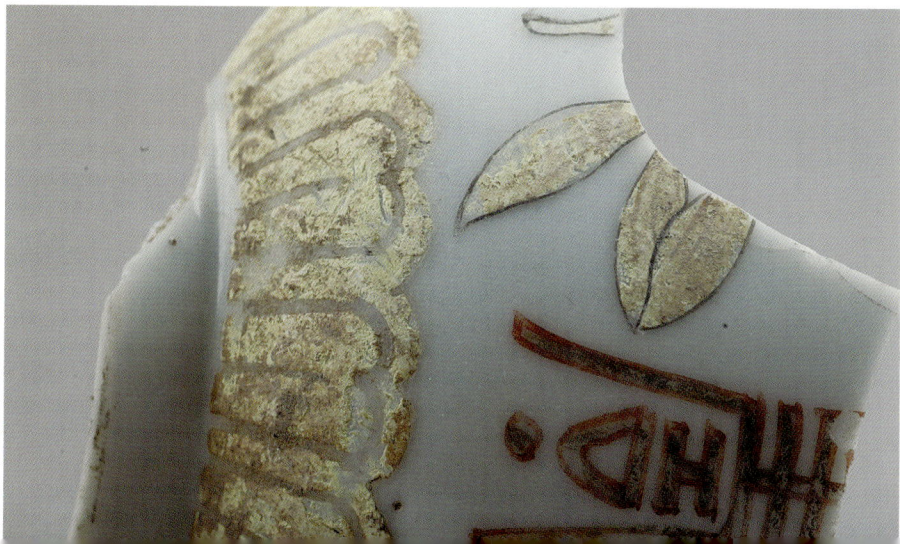

图 5-81 成化朝青花瓷盘·清仿明

图 5-82 精美绝伦的黄釉瓷寿桃·明代

图 5-83　同治花卉纹青花扁瓶·清代

图 5-80　兼具实用与装饰功能的外撇沿
　　　　　五彩碗标本·明代

图 5-84　弧腹红彩瓷碗标本·清代

图 5-85 构图疏朗、讲究对称的仿成化官窑青花瓷盘·清代

　　明清古瓷器的另外一个收藏渠道就是到市场上去淘（图 5-85）。通过这一形式去收藏的人还是很多的（图 5-86），这样较为方便，价格也不贵，几十块至百元左右而已（图 5-87），大多数收藏者也都能承受。由于这一时期的古瓷标本价格不高，距离现在时代又近，人们对它的辨伪能力较高，市场上的伪作较少（图 5-88）。但是，收藏者也不可掉以轻心，因为现在作伪的风气实在是太盛了，有时候作伪者为了一点点的蝇头小利，都会去作伪品来欺骗消费者（图 5-89）。

　　总之，收藏这一时期的古瓷器标本很有意义（图 5-90），收藏者可以较容易地收藏到一些明清古瓷器标本，从经济上为自己以后的收藏打下一个好的基础，使以瓷养瓷成为可能（图 5-91）。同时，也可以磨炼自己的性情，提高自己对这一时期古瓷器标本的研究和鉴赏水平。

图 5-87 较薄胎青花茶盏·清代

图 5-86　嘉靖朝青花瓷盘标本·明代

图 5-88　民窑略厚胎青花瓷缸·清代

图 5-89　较精致青花梵文盘·清代

图 5-90　豆青釉标本·清代

图 5-91　白胎粉彩婴童图瓷器标本·清代

第六章　青铜器鉴定

第一节　鉴定目的

一、断时代

　　断时代青铜器鉴定的重要目的和环节（图6-1）。中国古代青铜器发端于新石器时代晚期；龙山文化及夏代为萌生期；夏至商中期已完成发展期；商代中晚期已达鼎盛，直至西周末期；在西周末期礼制崩溃后旋即进入衰落期。不同时代的青铜器特征鲜明，我们在鉴定时必须将其置于时代的背景下来考虑，这样才是对于一件青铜器的具体化，才有意义。故青铜器断代是青铜器鉴定的首要目标。

图6-1　兽首衔环铜甑·汉代

图 6-2 兽首衔环铜甑（俯视）·汉代

图 6-3 明器簋·西周

二、辨真伪

这是青铜器鉴定成功与否的根本。青铜器具有很高的研究价值，但显然这种价值只是建立在确定青铜器必须为真品的基础上，在此基础之上的研究成果才真正有所价值，成为重要的科学依据。然而，青铜文明时代的青铜器大都是精绝之作，无论在做工上还是在后期的制作上都达到了相当高的水平。所以，历代都喜仿制和伪造夏商周三代的青铜器（图 6-2），用于收藏。虽然仿制的水平不能完全达到夏商周三代青铜器的制作水平，但大多数青铜器仿制的也是惟妙惟肖，难于分辨。特别是 20 世纪 80 年代以后，作伪的青铜器异常繁多，大有泛滥之势。一时间，市场上鱼龙混杂，真伪难辨，故青铜器的鉴定还有一个很重要的任务就是辨别青铜器的真伪。

三、评价值

这是青铜器研究的重要目的之一（图 6-3）。青铜器距离我们太久远了，又是一个无大量文字记载的时代，唯一有文字的载体就是青铜器的铭文，以及我们目前发现为数不多的甲骨文。这些显然不足以复原宏大的历史。大量出土和传世的古代青铜器是承载夏、商、周文明的重要载体，为研究我国夏、商、周时代，乃至更远古时期的政治、军事、经济、文化以及人们日常生活的重要史料。我们既然鉴定了一件青铜器，那么，我们就要说出它的优劣，以及它的研究价值、艺术价值、经济价值等。因为，这才是我们鉴定目的，以及断时代和辨真伪的目的。由此可见，评价值是青铜器鉴定的终极目的。

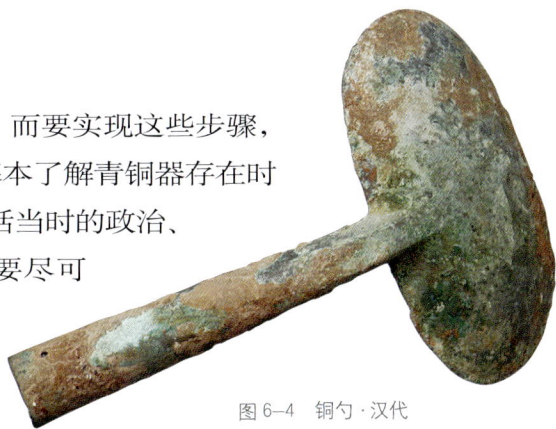

图 6-4 铜勺·汉代

　　以上是青铜器鉴定的必备步骤，而要实现这些步骤，必须提前准备必要的功课。首先，基本了解青铜器存在时期的时代大背景（图 6-4），其中包括当时的政治、经济、文化等各方面的重要信息，要尽可能地多了解一些当时的情况。其次，要了解各时代青铜器的主要特征，其中要包括铸造、造型、纹饰、辨伪等方面的重要特征（图 6-5），要将它们牢记于心中，以期在熟能生巧中找到理解这些特征在各个时代里相互继承和延续的关系。最后要以联想的办法为线索，将青铜器的时代大背景和器物特征相连（图 6-6），也就是将第一点和第二点结合（姚江波，2009）。如在很多时候青铜器的造型特征就需要同诸多陶器、瓷器、玉器……造型相互对比才能辨别真伪。总之，要善于将青铜器的诸多特征同时代大背景相连，找到切入点，然后举一反三地进行研究，以达到以上 3 个目的。

图 6-5 铜盖鼎·汉代

图 6-6 青铜盘·西周

第二节　鉴定要点

一、从时代背景上鉴定

时代背景的鉴定的关键点在于材料的有效性（图6-7），这是青铜器鉴定中的主要环节。这个环节不仅仅是简单要求知道一些这个时代的历史，而是要准确地知道被鉴定青铜器的时间节点。如西周青铜器的鉴定，我们需要的有效时间节点是这样的：传说和史书记载：西周王朝在推翻商王朝的基础上建立。商的暴政，使许多人从商跑到了周，周顺应天意消灭了商。

而这些传说和文献记载是否准确，要进行验证。如我们可以看国家博物馆藏的一件利簋，铸铭32字，记述了周武王伐商的全过程：甲子日上午周武王亲率5万军队在牧野与纣王决战，最终取胜。"利"受到奖赏，铸簋告慰祖先。从而证明文献可信。这才是有效信息。还有，就是以往发掘材料的有效性。如传说商是"因酒亡国"，这种口耳相传，延续几千年来说法是否准确，要用墓葬出土器物来进行证明。因为无法得到如王国维所倡导的两重证据法，就只是一

图6-7　青铜钟·春秋

个传说，但大量的墓葬出土的器物似乎从一个侧面证明了这种传说的正确性。河南安阳殷墟妇好墓以及诸多墓葬的发掘证明了商代真的是以酒器，主要是爵、斝、觚等的组合来象征等级与地位。而河南三门峡西周晚期大型邦国墓地虢国墓的发掘，山西侯马晋国墓的发掘，证明西周王朝改变了这种象征国家权力和地位的青铜礼器的组合（图6-8），改用了食器鼎、簋、鬲的组合，来象征权利与地位。天子九鼎、八簋、八鬲，诸侯七鼎、六簋、六鬲。由此可见，西周显然是吸取了商因酒灭亡的教训，改用了主要以青铜食器来象征等级与地位的制度。而这多样的材料就可以作为鉴定依据来使用。假如我们发现西周时期的墓葬当中使用的是爵、斝、觚的组合，那么从时代背景这一鉴定要点上就过不去。鉴定并不高深，只是埋下头来苦作舟而已。

图6-8　虢国墓出土重环纹青铜簋·西周晚期

二、从造型上鉴定

造型辨伪是青铜器鉴定中的基础。青铜器的造型可说是极为丰富的（图6-9），而且极具艺术性。特别是在夏、商、西周时期青铜器的造

图6-9 铜·春秋

型，都是国之重器，庄严、肃穆，都是奴隶们用生命铸就。然而，无论再精致的青铜器也必须要铸造而成。而既然有铸造，无论打磨得再仔细，必然还会留下痕迹。当然，这种痕迹也是有时间节点和诸多痕迹铸造的关键点。而这两个点是青铜器造型鉴定能够成功的关键之关键。这个时间点就是春秋中期失蜡法铸造方法的改变。之前铸造的青铜器基本上都是陶范法。先用陶制模，一般都是需要内外双模。铸造时将铜液自上而下浇注入范模中。待冷却后，将陶模打碎，取出青铜器，之后再进行打磨。复杂的青铜器要制作诸多这样的模具才能完成。这样的铸造方法，必然会留下合铸时的范线。即使通过打磨，也无法完全将其消除。除了会留下打磨痕迹外，范线本身也由内而外深入胎骨，理论上不能消除。而这，显然成就了造型辨伪的鉴定依据。其他还有很多类似这样的鉴定材料，我们在鉴定时应注意发掘，举一反三地看问题。

三、从纹饰上鉴定

青铜器的纹饰特征在青铜器的鉴定中相当重要（图6-10）。且每个时代的纹饰特征不同（图6-11），这与当时社会的时代大背景有着重要的关系。所以，我们在进行纹饰鉴定时要同功能鉴定和时代大背景结合起来综合进行考虑。特别是夏、商、西周时代的青铜器，由于其陶范手工制作，一器一范的特征，青铜器纹饰之间总是或多或少地存在着细微的差异。而这种差异性在我们进行辨伪时起着很重要的作用。纹饰辨伪主要是看纹饰的题材是否与器物时代一致，再看纹饰是否具有人性化特征，既要否符合人手刻画的特征。当然近些年来还出现了更新的青铜器作伪新方法，所以，我们要动态地去看作伪的方法，而不是一味地以书本上为依据，要能灵活运用。

图 6-10 蟠螭纹铜盖鼎·战国

图 6-11 云雷纹衬地乳钉纹铜鼎·春秋

四、从铜质上鉴定

铜质的分析是近些年随着现代科学技术的发展，而兴起的一种较为科学的对青铜器鉴定的方法。既对青铜器自身所含成分进行分析。从中不仅可以看到青铜器的制作水平，也可以用这些详尽的数据对青铜器进行分析（图6-12）。因为，实践证明，不同时代和不同地区的青铜器所含成分及比例不同。

五、从称重量上鉴定

由于古代青铜器不论是传世品还是出土器物，都会受到不同程度的氧化或是锈蚀，这都会减少青铜器的重量（图6-13）。所以，从重量上看，作伪的青铜器如果和古代青铜器一样大小、厚薄，那就明显地会重于古代青铜器。而我们根据这一特征，就可以对青铜器进行辨伪。

图6-13 铜壶·汉代

图 6-12　铜匜底部·春秋

六、从浇注上鉴定

青铜器都是浇注而成，这是无疑的（图 6-14）。也就是说，每一件被鉴定的青铜器都有浇注方面的特征。青铜器的浇注比较复杂，目前，已知人类使用过的青铜器浇注方法就有石范法、陶范法、失蜡法等等。不同时代有着不同和其主要的浇注方法。有些时候，这些浇注方法也综合起来运用。而我们必须要判断出被鉴定青铜器是用什么方法来浇注的，因为，它是以后进行范线和垫片鉴定的基础。

七、从范线上鉴定

青铜器的范线和青铜器的浇注方法紧密相连。用合范法制成的青铜器，一般都有范线；而用单范铸造的青铜器则没有范线。有的时代对青铜器的范线打磨比较干净，以至于我们都很难找到范线的痕迹，但只要我们细心地去寻找，总能找到一些有关于范线的痕迹。不过，一些时代的青铜器上的范线由于没有打磨或者是打磨不仔细，我们一眼就能看到（图 6-15）。这类青铜器一般多为明器，而如果是我们现在用失蜡法铸造的青铜器就没有范线。由此可见，是否能够找到范线也是我们对青铜器鉴定的关键。另外，在范线鉴定时，我们还发现有伪造的范线，但是这些伪造的范线与真正深入胎骨的真范线还是有较大区别。只要我们注意到这个问题，一般都可以看出来。鉴定时应该引起注意。

图 6-14 浇注青铜盘·西周

图 6-15 范线未经打磨的铜釜·汉代

图 6—16 工艺精湛的青铜鼎·汉代

八、从工艺上鉴定

不同时代青铜器的工艺不同（图6—16）。如夏代的青铜器工艺水平就一般，不讲究精工细琢；而商、周时期的青铜器就讲究打磨的精细程度。即使是相同时代不同阶段、不同地区的青铜器，其工艺水平也都会或多或少地存在着差异（图6—17）。所以，我们根据这些就可以判断青铜器的真伪，以及不同时期的人们对于青铜器在铸造上的态度。

九、从功能上鉴定

在我国的青铜时代，青铜器多样化（图6—18），有的用于祭祀、有的象征权利与地位，也有许多青铜器组合起来，象征着一种权利或地位。总之，其功能十分复杂，这样我们就可以通过这些复杂的功能判断出当时社会的政治、经济、文化等各方面的信息，同时也可以用功能来对青铜器进行辨伪。

图 6—17 铜带钩·汉代

图 6—18 铜盆·汉代

十、从听声音上鉴定

古代青铜器大多都有锈蚀，其声音听起来不如现代仿制的青铜器清脆，也不如现代仿制的青铜器声音大，我们用高精密的仪器来听，就可以做出一些判断。

十一、从量尺寸上鉴定

准确的测量工作是鉴定青铜器的基础。如通过对被鉴定青铜器长、宽、高、弧度……等各个部位的准确测量，我们就可以和已有的标准器进行对比，然后得出一些有关的结论。

十二、从垫片上鉴定

垫片也和青铜器的铸造方法有密切的关系。早期的青铜器没有垫片，但由于两块范很容易晃动，青铜器的器壁经常是厚薄不均。后来人们就用铜片垫在两块范之间，使铜液顺利通过。然而，由于垫片的铜质和青铜器的铜质不同，就会很明显地在器物之上留下垫片的痕迹（图 6-19），即使打磨得再仔细，也不能避免。所以，我们根据青铜器上是否有垫片就可以判断青铜器的真伪。

图 6-19 垫片打磨较好的明器簋·西周

图 6-20 生满绿锈的的青铜鼎·汉代

十三、从锈蚀上鉴定

古代青铜器不论是出土还是传世品都应该有着不同程度的锈蚀，因为，青铜器与空气结合会起化学反应。锈蚀的严重程度和青铜器所处的地区有着很重要的关系。一般来讲，天气干燥的地区，如我国的黄土高原地区，青铜器的锈蚀程度要小一些（图 6-20）；而南方上海、江浙一带的青铜器，在锈蚀上就会严重一些。总之，我们可以根据锈蚀的程度判断出青铜器大致出土的地区。然后，再和与之相关的青铜器进行对比研究，就可以从锈蚀上对青铜器进行鉴定。

十四、从铭文上鉴定

青铜器的铭文是古人遗留下来为数不多的珍贵文字史料，它真实地再现了当时人们的生活场景，具有重要的史料价值。所以，铭文鉴定很有意义。如商和西周时期的青铜器上一般都有铭文，我们可以看这些被鉴定青铜器上的铭文写些什么，如果不符合当时的时代特征，既为伪器。这就是伪器伪铭的作伪方法。还有的作伪者在真器上镌刻上铭文，以此来获取暴利，此种作伪方法我们称之为真器伪铭。由此可见，我们可以通过伪刻的铭文来判断青铜器的真伪。另外，铭文辨伪主要是看铭文是否为真铭，是否具有和器物一致的时代特征；再者就是看铭文是否与器物一体，防止真铭伪器的现象发生。

图 6-21 铜质较薄的铜盆·汉代

十五、从标准器上鉴定

标准器即经科学发掘出土的、有详细资料、周围环境，以及出土地点的古代青铜器，这是目前青铜器鉴定中的主要依据（图 6-21），无疑这类证据十分科学和令人信服。因此，多与标准器对比很重要。

十六、从传世品上鉴定

这里指的传世品是指非经科学发掘出土，但来路还比较清楚（图 6-22），并为学术界公认的古代青铜器。

通过对传世青铜器纹饰、造型、铸造等诸方面的特征进行对比研究，然后总结其一般性规律，继而根据这些规律来进行鉴定。

图 6-22 传世铜佛像·清代

第三节 鉴定术语

　　由于青铜器鉴定是一门古老的学问，所以，我们在进行青铜器鉴定时，经常会遇到一些术语，或者说是行话。行话，实际上是对青铜器的一些特征进行简要的表述，其特点是语言极其简练，约定俗成。这对于不是专业学习青铜器的人是一个难题，因为，他们经常会听到一些听不懂的话。对于已经形成的这些青铜器术语，由于其简炼，大家在青铜器行当里可以互相使用（图6-23）。但笔者不提倡对未入门者使用术语，因为，这等于是将复杂的问题简单化了。起码在市场上对于普通的收藏者不应该讲术语。本书在书写过程当中非常注意这个问题，一是在书中尽量减少使用术语，但有时又不可避免地要使用一些术语，这是因为一些术语现目前还在社会上广为流行，我们很难避免。所以，读者还是应该了解一些。下面就我们就来简单地认识一下，目前社会上还在使用的一些青铜器术语。

图6-23　青铜勺·汉代

一、对铭

青铜器的铭文在盖和器内都有，而且十分对称。

二、范线

用陶范法合铸而成的青铜器，在范与范对接的地方留下的痕迹，多以线状存在，通常会被打磨平整。但在一些视线不能直接观察到的地方，如一般情况下耳部和隐秘处的范线经常就不被打磨，而这也给寻找范线提供了帮助，使我们可以顺利找到范线（图6-24）。

三、垫片

垫片是铸造青铜器的过程中不可缺少的环节。它在青铜器铸造过程中帮助青铜溶液顺利地完成浇铸，但同时也会在青铜器上留下许多凸起的垫片。因为，垫片上的铜质和青铜器的铜质不同，所以垫片的颜色和青铜器的颜色也是有区别的，必须经过磨平后才能成器。但是，无论如何打磨，垫片上的痕迹也不能被抹去，因为，二者的铜质不同。而这也为我们进行鉴定留下了依据。凡是没有垫片的就应该是伪器。但是，夏代青铜器也有许多都是单范铸成，或者是由于当时的垫片技术还不成熟，而我们在这些器物之上就很难找到垫片的痕迹。

图6-24 范线未打磨的铜釜·汉代

四、铸瘤

青铜器上的流铜，类似于瓷器上的流釉。

五、砂眼

青铜器上的小缩孔。早期青铜器常见。商代中后期就很少见到了。但到了礼制崩溃后的青铜器，由于在制作上人为的原因，也经常会出现砂眼。

六、生坑

未作过任何处理的青铜器。

七、熟坑

经过人们把玩和处理过的青铜器。

八、水坑

指的是青铜器锈蚀后像日久在水里生出的绿锈一样，多指潮湿地区或墓葬出土生锈十分严重的青铜器。

九、发坑

形容青铜器表面的锈蚀好像蒸馒头的面粉发酵过似的。"发酵"严重有鼓裂的称之为发坑；不是很严重的称之为半发坑。

十、脏坑

青铜器表面有不易去掉的锈蚀，或是青铜器上有杂色不匀净。

十一、地子

第一层锈蚀的色彩。

十二、黑漆古

古代青铜器出土后很多都呈现出的一种发黑漆似的颜色（图6-25）。

图6-25　黑漆古铜镜·汉代

十三、绿漆古

古代青铜器出土后很多都呈现出的一种发绿漆似的颜色。

十四、水银沁

形容地子的锈蚀像是水银似的颜色。

十五、贴骨锈

锈似乎深入胎骨，很难除掉。

十六、洗过澡

以作伪为目的，经液体浸泡过的青铜器。

十七、野 造

粗制滥造的民间工艺造青铜器。

十八、漂亮货

精工细琢的青铜器。

十九、摔 跤

对青铜器的鉴定犹豫了。这些就是我们现在还常用的所谓的青铜器术语，其实就是将一些青铜器的特点进行的总结。当然，青铜器的描述术语还有很多，一些不常用的，我们在这里就不再赘述了。本书认为这些青铜器的描述术语并不一定都很科学，但是，它们在古玩市场上使用的频率很高，所以虽然我们不提倡使用这些术语，但我们要懂这些术语。

第四节　造型断代

青铜器从产生之日起，它的造型就开始在借鉴、创新中发展。青铜器的造型极为复杂，有的青铜器造型同礼制有关，有的造型同崇拜有关，有的同实用有关，有的同农具有关，有的同各种兵器有关，有的单纯是为了装饰，有的器形兼有各种功能等等，在这里我们就不再赘述。不过，由此可见，青铜器造型种类多，变化复杂。下面就让我们从以下 3 个方面来详细地看一看青铜器在漫长的岁月长河中出现的主要造型和特征。

一、从用途上划分

大致可以分为 11 种：（1）兵器；（2）食器（图 6—26）；（3）酒器（图 6—27）；（4）乐器；（5）水器；（6）农具；（7）工具；（8）铜钱（图 6—28）；（9）玺印及符；（10）度量衡；（11）生活实用器等大类（图 6—29、图 6—30）。

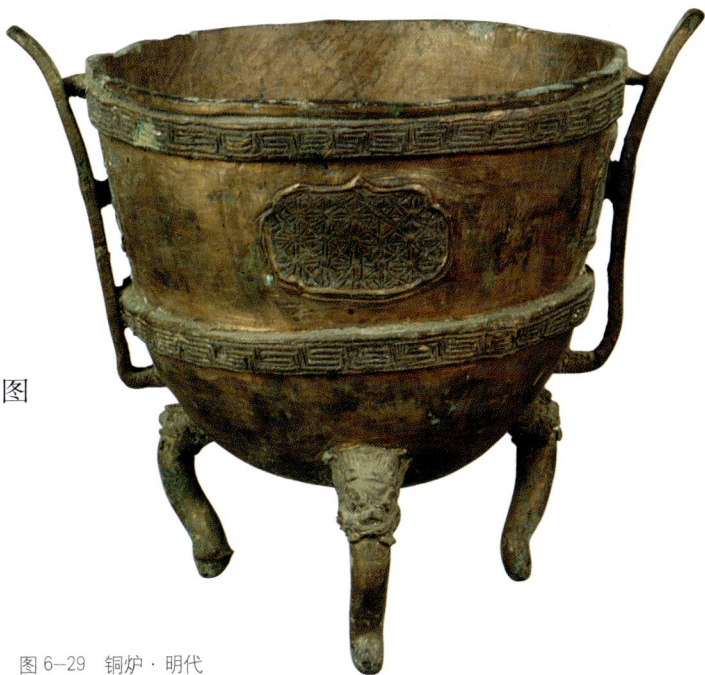

图 6—29　铜炉·明代

图 6—26 双耳铜鍪·汉代

图 6—28 圆孔铜钱·战国

图 6—30 铜镜·明代

图 6-27 铜壶·汉代

二、从时代上划分

就是从青铜时代开始的夏代算起，依次顺序朝代，直到现代。我们通常称之为夏代青铜器、商代青铜器等。

通过这两种划分，我们基本上能弄清楚中国青铜器的造型种类及其特征。在鉴定中我们要对各种用途、主要功能、不同时代的青铜器造型及其特点了如指掌，只有这样才能够对青铜器的时代特征做出准确的判断，进而对青铜器的真伪做出判定。

图 6-31 石球·新石器时代

图 6-32 石球·新石器时代

图 6–33　青铜戈·春秋

1. 兵　器

　　青铜兵器的产生是人类史上的一场悲剧，从此，人类进入了冷兵器时代。因为，青铜兵器比石器兵器更锋利（图6–31），韧性更强，比起新石器时代的石球（图6–32）一类的兵器更具杀伤性。如青铜戈（图6–33）是一种近距离格斗兵器，用于两人之间的拼杀。青铜戈刺入人体内，不仅有血槽可以放血，用力绞杀倒钩还可以将人的肠子和内脏一同拉出。戈为冷兵器时代战场上使用的主要兵器之一，数量非常之多，有时候一个墓内就能出土几百件。从中，我们也可以略微看出青铜兵器的威力。我们知道，奴隶社会出现的国家就是靠暴力建立起来的，而使用暴力的政权就自然缺少不了兵器，而青铜兵器在当时就是一种极先进的兵器。所以，在青铜时代，青铜兵器在奴隶主贵族战争需要的情况下迅猛发展，产生了不少新的青铜兵器造型，青铜兵器的数量也是大量地增长，这一点在夏代的青铜器中表现得比较明显。由于夏代奴隶制国家刚刚建立，兵器就显得较为重要。夏代，青铜器的种类主要就是兵器和一些实用的工具和农具。总之，在青铜时代，青铜器的种类和数量是有增无减，这是青铜时代青铜兵器的主要特征。下面就让我们来具体看一看青铜器时代青铜兵器造型的主要特点。

青铜兵器的主要造型有 12 种，分别是戈（图 6—34）、矛、铍、戟、钺、剑、刀、匕首、殳、胄、弩机、镞等。这 12 种兵器的造型相当复杂，下面将详细地介绍这些有代表性的青铜兵器造型。

（1）戈。钩杀兵器，目前所见最早的青铜戈仅存戈头，整器看上去像是三角形。戈有大和小之分，戈头上有专有的名称，刃部称援，援末转折的部分称为胡，被木头夹住的部分称之为内，援末和胡上的小穿孔称之为穿。青铜戈在商代开始流行，直到战国时代（图6—35）。

（2）矛（图 6—36）。刺杀兵器，刃锋利起脊，商代早期沿用到战国。

（3）铍。《说文》："铍，大针也。一曰，剑如刀装者。"实际上剑如刀装者是指像剑一样，扁颈，而宽。主要盛行于战国时期。

（4）戟。钩杀兵器，戈和矛兼容，钩刺结合，形体与戈相似，盛行于春秋战国时期。

（5）钺。砍杀兵器，青铜钺的形状像是大斧，呈弧形刃，有穿，两侧有扉。有些钺形制很大，而制作十分精细，有铭文。初见于夏代晚期，一直沿用到战国时代，盛行于商周时代。钺的造型在新石器时代便有，为石钺和玉钺，其造型和青铜钺都很相似，青铜钺的造型很有可能就是来源于以上两种器形。另外，夏鼐先生认为，扁平斧两侧射出的齿牙或称为戚；璧改成的戚，或称为璧戚，可知戚是斧的一种。孔颖达："俱是斧也，盖钺大而斧小。"看来钺和戚却系同类，只是大小不同，大型为钺，小型者为戚。在鉴定时应注意钺与戚在造型之间的区别。

图 6—34 青铜戈·战国

图 6—35 青铜戈·战国

图 6-36　青铜矛·春秋

图 6-37　青铜剑·战国

图 6—38 青铜镞·战国

（6）剑（图 6—37）。随身佩带的兵器。用于防身、可刺可砍，将军和士兵普遍佩带。分身和颈两部分，剑身以中线起脊，用于放血；剑颈有圆和扁两种形状。颈端称首，颈与身之间有格，用于护手。西周时期已有较成熟的剑，流行于战国及秦汉时期。

（7）刀。砍杀兵器，也有做工具的用途。刀的形状多样，有的长刀直被、凸刃；有的凹刃；有的刀尖后钩。翘首刀多短柄；卷首刀和平刃刀多是长柄。盛行于商代直至战国。

（8）匕首。近距离杀伤性武器，实际上就是短剑。匕首出土甚少见，流行于战国及秦汉时期。

（9）殳。刺杀兵器，作用和矛有些相似。多呈筒形，中间有一些刺球形的利刺，杀伤性较强。但这类兵器的数量不是太多。主要盛行于战国时期。

（10）胄。作战时戴的帽子，用于保护颈以上部位。造型就是帽子的形状；顶端有一管，用于插缨。盛行于商、周时代。

（11）弩机。远射性武器，同弓相似，但又有不同。由机身、铜弦的"牙"、以及机身上的"望山"和机身下的"悬刀"组成。用望山瞄准，抠动悬刀，弩机上的箭就会发出去；连续抠动悬刀，箭就会连发。用于战争可以呈现出万箭齐发的宏大场面，对战争主动权的控制非常有利。春秋战国时期就有，盛行于汉、晋时期。

（12）镞（图 6—38）。箭头。形式各样，有圆锥形、三棱形、双翼形（图 6—39）。这几种形状的箭头都有一个共同的特点，特别适合于飞行，其目的都是为了缩小阻力。这一点在鉴定时应注意把握。青铜矢镞最早产生于商代早期，商至战国流行。

图6-39　三棱形镞·战国

2. 食　器

在奴隶社会，由于财富过于集中，奴隶主贵族们过着极其奢华和糜烂的生活。他们不仅"酒食肉林"，而且还制作了许多食器，供自己享乐使用和标榜自己的身份和地位。因此，所谓青铜食器大多存在于奴隶社会。中国青铜食器的造型主要的有鼎、簋、鬲、甗、簠、盨、敦、豆、铺、盂、俎、匕、盆、鉴等。

（1）鼎（图6-40）。主要用于烹煮肉食、祭祀和宴飨等。青铜鼎的造型较为复杂，有圆鼎、方鼎、扁足鼎等形式。青铜鼎在商周时期极盛，以后历经各个时代（图6-41），一直沿用到两汉，乃至魏晋时期都有。

（2）簋（图6-42）。盛食器。多有盖，子母口，相当于我们现在使用的饭碗。古人吃饭时是席地而座，用手到簋里取食物吃。商代出现簋（图6-43），西周时期极盛。西周早期起出现的方座簋，就是在簋的圈足下连铸一个方座。

图6-40　青铜鼎·战国

图 6-41 青铜鼎·战国

图 6-42 窃曲纹青铜簋·西周

图 6-43 重环纹青铜簋·西周

图 6-44 青铜鬲·西周

（3）鬲（图 6-44）。吹粥器，是大口袋腹，3 条袋状足。有大有小，大多有实用的痕迹。产生于商代早期，实际上在新石器时代就有陶鬲，青铜鬲的器形完全是从陶器上借鉴过来的。西周时期鬲很盛行，常成组出土；到战国后期便神秘消失了。

（4）甗（图 6-45）。蒸饭器。甑鬲联体器。上面是一个甑，下面是鬲，中间有箅。用火烧鬲，蒸汽通过箅蒸甑里的食物。产生于商代中期，盛行时间很久，特别是西周时期很盛行。

（5）簠。盛食器。实际上是两个长方体的器盖组合成的器物造型，拿开后就是两件器皿。口外侈，有 4 根很短的足。西周时期常见。

（6）簋。盛食器。有盖、盖有 4 足，可以仰置。单独做盛器使用。子母口，附耳，圈足。西周时期很流行。

（7）敦。盛食器。有盖，盖、器相同，呈半球形。子母口，3 个短足，圆腹。盛于春秋时期。

（8）豆。盛食器。上为盘形，有长柄连至圈足，有的有盖。产生于商代晚期，盛行于春秋战国。

（9）铺。盛食器。与豆器形相似，圈足粗而短，镂空。西周晚期和春秋早期盛行。

（10）盂。盛食器。较大，相当于我们现在的小锅或是大碗，一般簋中之饭取于盂中。侈口，附耳，圈足。盛行于商、周时代。

（11）俎。肉案。与鼎配合使用。像一个长方形的小茶几，中部微凹。盛行于西周早期。

（12）匕。挹取食物的匙子，体像现在的勺子，有长柄，扁平。流行于战国早期。

图 6-45 青铜甗·汉代

3. 酒　器

（1）爵（图6-46）。饮酒器。基本器形是流长，尾尖，有加厚的唇边。流上有柱。束腰，鼓腹，下有3个三棱锥状足，有鋬。盛行于商代晚期。

（2）角。饮酒器。与爵基本相似，但无流和柱。短鋬较粗。商晚期至西周早期多见。

（3）觚。饮酒器。喇叭口，圈足，器形极其复杂。盛行于晚商周初。

（4）觯（图6-47）。饮酒器。多为侈口，圈足，有盖。器形也是十分复杂，种类繁多，盛行于晚商周初。

（5）斝。盛酒器。可兼做温酒器，造型种类较多，侈口，有鋬，下有3个或4个三棱锥状足。盛行于商周时期。

（6）尊。盛酒器。较大，侈口，深鼓腹，圈足。初见于商代中期，盛行于晚商及周。

（7）壶（图6-48）。盛酒器。酒器，有盖（图6-49），子母口，有圆壶、方壶（图6-50）、扁壶之分。流行时间商至战国。

图6-46　青铜爵·西周

图 6-47 铜觯·战国

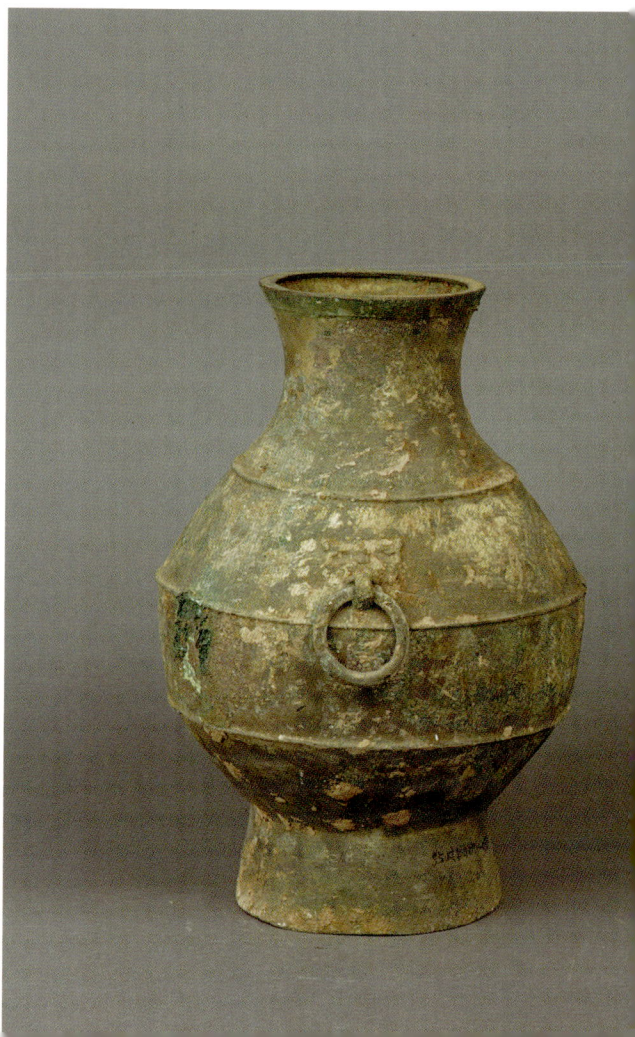

图 6-48 铜壶·汉代

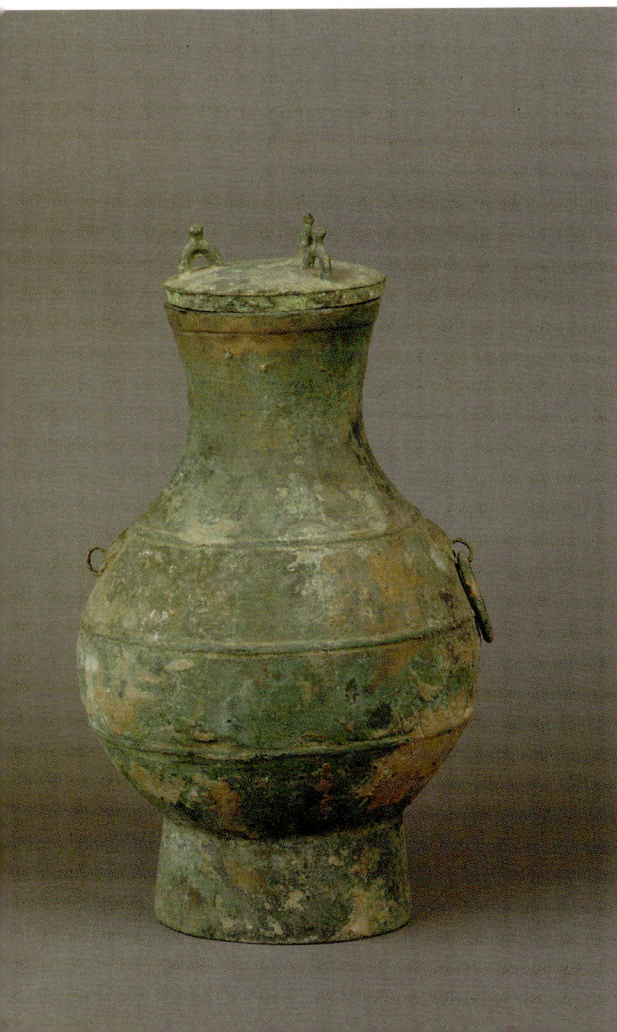

图 6-50 铜方壶·汉代

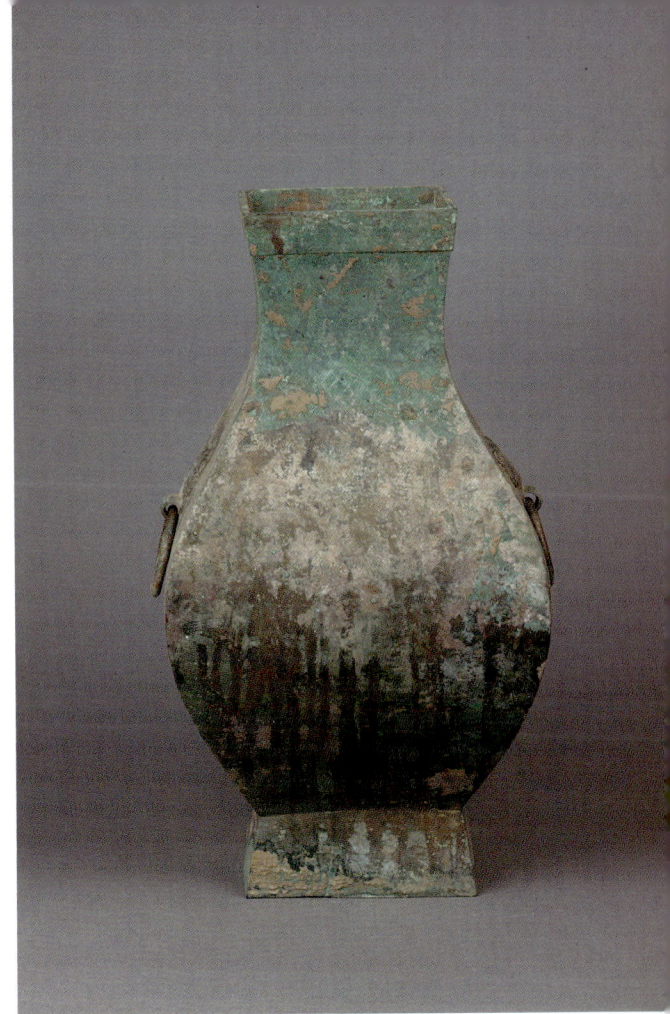

图 6-49 铜盖壶·汉代

（8）卣。盛酒器。一般有提梁和盖，个别没有。深腹，圈足，也有其他的足。流行于西周时期。

（9）方彝（图6—51）。盛酒器。方形，屋顶形盖，深腹，长方形圈足，圈足有缺口，等分为四足。有的方彝两侧有耳。流行于商末周初。

（10）觥。盛酒器。多数有盖，有流，有鋬，但也有无鋬的。腹部为鸟兽形腹，足可分为圈足或鸟兽足。商晚期和周初较为流行。

（11）罍。大型盛酒器。多数有盖，双耳衔环，但也有的没有这些。鼓腹斜收至圈足，圈足有四方形的。肩部两侧有耳，正面腹部的下端亦饰一耳。商晚期至西周较为流行。

（12）瓿。大型盛酒器。鼓腹，圈足，有的有耳。盛行于商代至战国。

（13）盉（图6—52）。调酒器。有盖，有鋬，有提梁。宽腹，盖和鋬之间多有提梁相连。盛行于商和西周时期。西周时期多盛行凤鸟纹盉。

（14）枓。挹酒器。环底杯连铸着的曲柄。盛行于西周晚期。

（15）勺。挹酒器。环底杯连铸着直柄。商代晚期器。

（16）禁。酒器的底座。中间有孔，放置酒器。西周时期器。

图6—52 青铜盉·西周

图 6-51 青铜彝・西周

图 6-53 青铜盘·西周

图 6-54 青铜鉴·战国

图 6-56 青铜钟（俯视）·战国

4. 水 器

（1）盘（图6-53）。承水器。大口，浅腹，圈足，附耳，有的无耳。为奴隶主贵族洗手的用具，有圆形和四方形之分。流行时间较长，贯穿于整个青铜时代。

（2）鉴（图6-54）。大型盛水器。也可盛冰。大口，深鼓腹，平底或圈足。流行于东周至秦汉。

图6-55 青铜钟·战国

图6-57 青铜鸾铃·西周

5.乐　器

（1）铙。打击乐器。又称为执钟。比铃稍大一些，口呈凹弧形，体部截面呈阔叶形，粗柄。见于商晚周初。

（2）钲。打击乐器。形体似铙，但比铙大。春秋时期南方乐器。

（3）钟（图6-55）。打击乐器。分为钮钟和甬钟。一般的钟都有共鸣箱。钟最上面的是衡，接下来是甬，下来是干，再下来是旋。旋和舞相接。一般共鸣箱上都有枚，中间部位为钲，最下部为鼓和铣。当然，钟的造型很多，这只不过是一个基本的造型（图6-56）。周代盛行。

（4）铎。撞击乐器。《说文》："大铃也"。盛行于东周和秦汉。

（5）铃。最早的乐器。形如钟，但比钟小得多。器壁薄，悬挂于车（图6-57）、狗等身上。夏代便产生了铃。

（6）鼓。打击乐器。筒状，底中空。盛行于商代晚期。

6.工　具

（1）斧（图6-58）。砍伐器。长方体，宽身，弧刃或直刃，近似现代的斧形。主要流行于商周时期。

（2）凿。上宽下狭，直銎，刃部尖平，类似于现代的凿。

另外，青铜工具、铜钱（图6-59、图6-60）、玺印、符、度量衡器、农具（图6-61）、生活实用器（图6-62、图6-63）的造型都较为简单（图6-64），有许多青铜器的造型和现在铁器的实物也十分相似，在这里就不再一一赘述。

图6-58　青铜斧·春秋　　　　图6-59　垣钱·战国　　　　图6-60　垣钱·战国

图 6-61 青铜镰·战国

图 6-62 青铜带钩·战国

图 6-63 青铜带钩·战国

图 6-64 青铜带钩·战国

第七章 识市场

图 7-1 网纹彩陶钵·新石器时代

第一节 识市场

一、国有文物商店

国有文物商店收藏的杂器具有其他艺术品销售实体所不具备的优势（图 7-1），一是实力雄厚；二是古代杂器数量较多（图 7-2）；三是中高级鉴定专业鉴定人员多；四是在进货渠道上层层把关；五是国有企业集体定价，价格不会太离谱（图 7-3）。国有文物商店是我们购买杂器的好去处。下面我们具体来看一看：

表 7-1 国有文物商店杂器品质状况表

名称	时代	品种	数量	品质	体积	检测	市场
杂器	高古	较多	极少	优／普	小器为主	通常无	国有文物商店
	明清	较多	少见	优／普	小器为主	通常无	
	民国	较多	少见	优／普	小器为主	通常无	

图 7-2 "君宜高官"铭文与草叶、夔凤纹组合铜镜·六朝

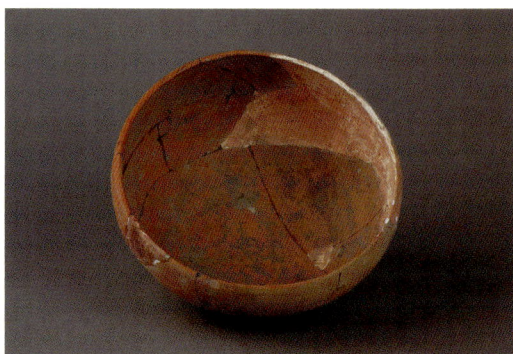

图 7-3 薄胎红陶钵·新石器时代

图 7-4 饼足灰陶盆·战国

图 7-6 彩陶钵·新石器时代

图 7-7 粗胎红陶钵·新石器时代

由表 7-1 可见，从时代上看，国有文物商店杂器几乎各个时代都有见（图 7-4），从新石器时代经商周直至明清，如，铁器、青铜器、红陶、彩陶、灰陶、釉陶、陶砚等（图 7-5），以及已经碎掉的古瓷标本等。对于杂器而言，国有文物商店是主角，有很多东西，只有在国有文物商店内才能找到（图 7-6），而在其他的地方则很难找到。从品种上看，中国古代杂器品种繁多，绝不仅仅限于铁器、青铜器、红陶、彩陶、灰陶、釉陶、陶砚等，它主要是根据各店分类整理的需要（图 7-7）。如有的文物商店将陶器专门定为一个大类，那么显然陶器在这个文物商店内就不是杂器。从数量上看，国有文物商店内的高古杂器，如新石器时代的彩陶、汉代的灰陶、釉陶等极为少见。但也分地区，如在黄土高原地区的文物商店中可能销售的彩陶就比较多，而其他地区则是比较少。一般灰陶、古瓷标本等则是各个地区的文物商店内都有见。不过我们还要注意到，杂器中的某类器物还会细分成诸多的细小类别。如古瓷标本当中的钧瓷标本，大多是在河南省的文物交流中心等有见，因为具有官窑性质的窑场就在

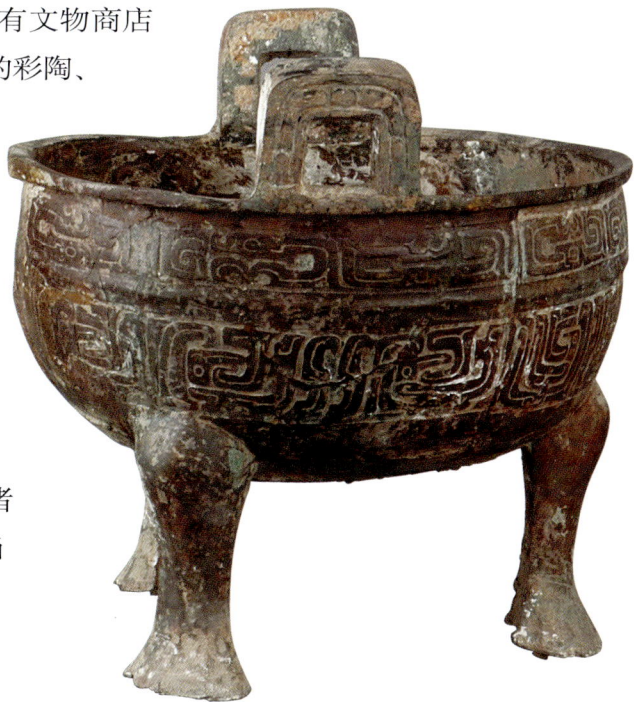

图 7-5 波曲纹青铜鼎·商周之际

河南禹州的钧台窑。其他地区可能有一些钧瓷标本，如碎掉的半个碗或者盘等，但真正禹县窑烧造的钧瓷官窑产品标本则是很少见到。因此，我们在逛杂器市场时，由于类别比较多，比较杂，所以一定要事先做好功课（图 7-8），这样才能直接命中目标，不至于跑冤枉路。从品质上看，中国古代杂器在品质上也是良莠不齐（图 7-9）。因为这几乎不是文物商店可以选择的。如汉代釉陶本身是随葬的明器，一般都是经过科学发掘后到博物馆内收藏。文物商店内能收藏到一些已经是非常难得，所以没有选择的余地。其他的也都是类似。从体积上看，国有文物商店内的杂器主要以小件为多见（图 7-10），个别有大器。当代杂器在体积上则是大小兼备。从检测上看，杂器通常没有检测证书（图 7-11）。

图 7-8　大口陶瓢·汉代

图 7-9 大平底绿釉陶碗·汉代

图 7-10 方唇绿釉陶耳杯·汉代

图 7-11 复原的灰陶盘·新石器时代

图 7-14 黄釉陶盖罐·汉代

二、大中型古玩市场

大、中型古玩市场是杂器销售的主战场（图 7-12）。如北京的琉璃厂、潘家园，以及郑州古玩城、兰州古玩城、武汉古玩城等都属于比较大的古玩市场（图 7-13），集中了很多杂器销售商，像北京报国寺只能算作是中型的古玩市场（图 7-14）。下面我们具体来看一下：

表 7-2 大中型古玩市场杂器品质状况表

名称	时代	品种	数量	品质	体积	检测	市场
杂器	高古	较多	极少	优／普	小	通常无	大中型古玩市场
	明清	较多	少见	优／普	小器为主	通常无	
	民国	较多	少见	优／普	小器为主	通常无	

图 7-12 海兽葡萄纹铜镜·唐宋之际

图 7-13 厚唇绿釉陶罐·汉代

图 7-15 精美绝伦的明刀币·战国

图 7-16 局部土蚀的灰陶厕·六朝

图 7-17 磕伤严重的绿釉陶鼎·汉代

　　由表 7-2 可见，从时代上看，大中型古玩市场内的中国古代杂器时代特征复杂。从新石器时代直至明清都有见（图 7-15），但一些高古的艺术品还是比较少见。如铁器就比较少见；较为多见的是陶器；最为常见的是古瓷标本。我们可以看到在北京报国寺内的古玩市场上有大量摊位都是销售古瓷标本的。早上不到 5 点钟就已经是人声鼎沸（图 7-16），交易正式开始，而且固定的摊位也是不少。像这样的市场，在全国有几百个（图 7-17），可见杂器交易量还是比较大。从品种上看，大中型古玩市场上的杂器在品种上比较多（图 7-18），红陶、白陶、彩陶、灰陶、黑陶、釉陶、彩绘陶，以及各种青铜器等等都有见。可以说杂器在大中型古玩市场上只有我们想象不到的（图 7-19），而没有我们可以通过想象将其一气说完的。从数量上看，大中型古玩市场内杂器在数量上参差不齐。有的品类数量多，如古瓷标本数量就很多；而有的如青铜器中的重器，鼎、簋、

图 7-18 口部有明显磕伤的红陶灯·新石器时代

图 7-19 口部造型装饰性较强的灰陶多子盒·六朝

图 7-21 铁制六角轴承·汉代

图 7-22 绿釉陶鸡·汉代

鬲等数量就很少。可以说,碰到靠缘分,靠运气(图
7-20)。从品质上看,杂器在品质上精致、普
通、粗糙者都有见,因为古代的文物不是我
们当代人选择它,而是这些文物历经岁月长
河到达我们面前,我们没有选择。因此,大
中型古玩市场内的杂器基本上要靠我们自己挑
选(图 7-21)。不过,显然伪器是相当多,需
要极深的鉴赏能力。从体积上看,大中型古玩
市场内的古代杂器以小件为主(图 7-22),大器
只是偶有见。从检测上看,杂器很少有检测证书,
个别较为贵重的器皿有专家的签名,但有的时
候很难确认专家签名的真伪。

图 7-20 喇叭形圈足绿釉陶熏炉·汉代

图 7-23 略厚胎红陶标本·新石器时代

三、自发形成的古玩市场

这类市场三五户成群，大一点几十户（图 7-23）。这类市场不很稳定，有时不停地换地方，但却是我们购买杂器的好地方（图 7-24）。我们具体来看一下：

表 7-3 自发古玩市场杂器品质状况表

名称	时代	品种	数量	品质	体积	检测	市场
杂器	高古	较多	极少	优／普	小	通常无	自发古玩市场
	明清	较多	少见	优／普	小器为主	通常无	
	民国	较多	少见	优／普	小器为主	通常无	

图 7-24 墓葬出土青铜镜·汉代

图 7-27 青铜瓿·汉代

由表 7-3 可见，从时代上看，自发形成的古玩市场上的杂器非常多见（图 7-25），但真正高古的铜器、彩陶、釉陶等比较少见，只是偶然有见。但多数都是伪器，而且都不是高仿品。多数以明清时期传世品杂器为主，如陶砚等就比较常见，还有如古瓷标本也有见，都是成堆在街上卖。特别是近些年来随着城市的扩张，几乎将城市地下埋藏的古瓷标本一网打尽。而多数古瓷标本是先通过这种小的市场被送往大市场的。有的小贩就是工地里干活的民工。这种情况在全国都很常见。从品种上看，自发古玩市场上的杂器在品类上十分丰富，各种品种都有见。如锡器、藏银、苗银、彩陶、红陶、白陶等等（图 7-26）。因为毕竟有很多杂器是散落在民间的。从数量上看，中国古代杂器基本上还是以明、清民国为多见，高古杂器的数量犹如大海捞针（图 7-27），十分罕见。从品质上看，中国古代杂器品质良莠不齐，精致、普通、粗糙者都有见，但价格基本上也可以拉开几个等级，我们可以自由地选择。从体积上看，中国古代杂器在体积上大小兼备（图 7-28），但如果从整体上看，依然是以小器为主。从检测上看，这类自发形成的小市场上基本没有检测证书，全靠自身的鉴赏能力（图 7-29）。

图 7-28 灰陶圈足器皿·战国

图 7-29 烧结程度不是太好的陶房子·汉代

图7-25 平底灰陶仓·汉代

图7-26 青铜簋·西周

四、网上淘宝

网上购物近些年来成为时尚（图7-30），同样网上也可以购买杂器。上网搜索会出现许多销售杂器的网站（图7-31），下面我们来具体看一下：

图7-31 手感较细的灰陶豆·新石器时代

表7-4 网络市场杂器品质状况表

名称	时代	品种	数量	品质	体积	检测	市场
杂器	高古	较多	极少	优／普	小	通常无	网络市场
	明清	较多	少见	优／普	小器为主	通常无	
	民国	较多	少见	优／普	小器为主	通常无	

图7-30 深腹灰陶鼎·新石器时代

由表 7-4 可见，从时代上看，网上淘宝可以很便捷地买到各个时代的杂器（图 7-32），也可以搜品类，如陶器、铜器、铁器等，但就是来源说不清楚，或者是真伪难辨。因为中国古代杂器有很多应是发掘出土，如彩陶、釉陶、青铜器等，多数都在博物馆中，所以网络市场上的伪器应是比较多。但网上广为销售古瓷标本等小件可能有真的，但也是很难说。有一些厂家现在是专门生产古瓷标本，所以一个小小的瓷片，严格的说都需要经过鉴定，可见伪器达到了一个相当多的程度。所以在网上购买要仔细辨别（图 7-33）。从品种上看，网络市场上的杂器品种极全，几乎囊括所有的杂器品类。从数量上看，杂器虽然有很多，但真正靠谱的不是很常见，而且有的时候照片和实物并不相符（图 7-34），纠纷比较多。从品质上看，杂器的品质以陶器、铜器等高古杂器为优，明清民国时期的杂器，在品质上则是精致、普通、粗糙者都有见，良莠不齐（图 7-35）。从体积上看，杂器绝大多数是小器，明清、民国时期的体积有所增大，但依然是以小器为主，可谓是大小兼备。从检测上看，网上淘宝而来的杂器大多没有检测证书，只有一少部分有专家签名，但对于签名也是很难求证于专家（图 7-36）。

图 7-32　胎内略有气孔的灰陶釜·新石器时代

图 7-33　红陶罐·新石器时代

图 7-34 铁插 · 汉代

图 7-35 铁锄 · 宋代

图 7-36 送子观音铜像·清代

五、拍卖行

杂器拍卖是拍卖行传统的业务之一，是我们淘宝的好地方（图7-37）。具体我们来看下表：

表 7-5 拍卖行杂器品质状况表

名称	时代	品种	数量	品质	体积	检测	市场
杂器	高古	较多	极少	优／普	大小兼备	通常无	拍卖行
	明清	较多	少见	优良	大小兼备	通常无	
	民国	较多	少见	优良	大小兼备	通常无	

图 7-37 铁锤·汉代

图 7-41　铁镞·汉代

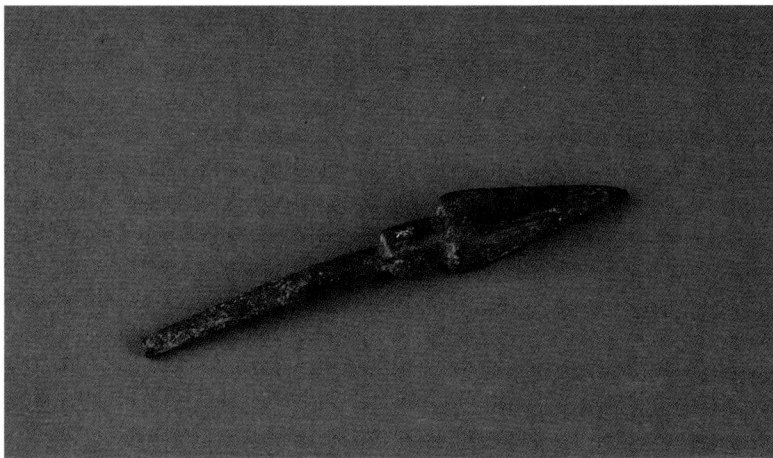

图 7-42　铁镞·汉代

　　由表 7-5 可见，从时代上看，拍卖行拍卖的杂器各个历史时期的都有见（图 7-38）。古朴典雅的釉陶，精美绝伦的青铜器等都有见，但古瓷标本等小瓷片则很少见到，还有一些残缺比较严重的器皿也很少见。原因很简单，是因为这些小瓷片不值钱，所以无法拍卖，毕竟拍卖行是通过佣金生存的。从品种上看，拍卖市场上的杂器比较复杂，可以是说是各个时代、各种质地的都有见，但基本都是以贵重为主（图 7-39）。从数量上看，杂器经常见诸于拍卖，而是拍卖的主要产品，多是专场。这是因为，杂器所铆定的潜在消费群体比较大，因为质地多样、时代多样化（图 7-40）。从品质上看，中国古代杂质在拍卖行的拍品中精致、普通、粗糙者都有见。从体积上看，杂器在拍卖行基本上是大小兼备（图 7-41）。因为拍卖行所拍卖的杂器是经过精心挑选，所以大器和精品很容易就被选择出来。从检测上看，拍卖场上的杂器一般情况下也没有检测证书，因为拍卖行并不保证真伪（图 7-42）。

图 7-38 铁锤范·汉魏时期

图 7-39 铁斧·汉代

图 7-40 铜斧·周代

六、典当行

典当行也是购买杂器的好去处（图7-43），典当行的特点是对来货把关比较严格，一般都是死当的杂器作品才会被用来销售（图7-44）。具体我们来看下表：

表7-6 典当行杂器品质状况表

名称	时代	品种	数量	品质	体积	检测	市场
杂器	高古	较多	极少	优／普	小	通常无	典当行
	明清	较多	少见	优良	小器为主	通常无	
	民国	单一	少见	优良	小器为主	通常无	

图7-43 青铜镜·战国

图7-44 土蚀较重的陶耳杯·汉代

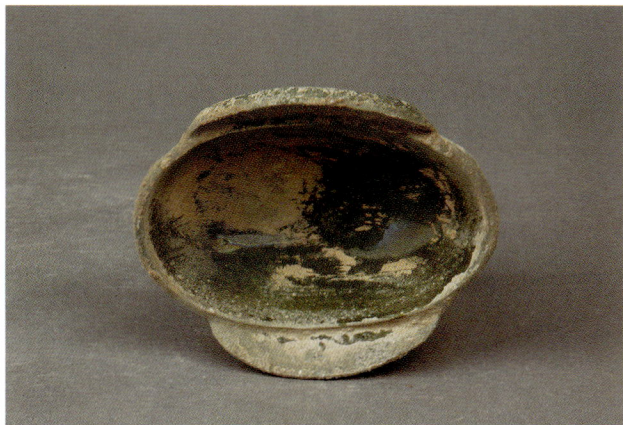

由表 7-6 可见，从时代上看，典当行的杂器以古代为主（图 7-45），明清和民国时期为多见，但真正高古的杂器当中的重器，典当行基本不见（图 7-46）。从品种上看，典当行杂器的品种较为齐全，但多限制在比较大型的典当行。从数量上看，中国古代杂器的数量本身就极少，典当行内并不是都有见，而且也没有批量（图 7-47）。从品质上看，典当行内的杂器也是精致、普通、粗糙者都有见。从体积上看，典当行内古代杂器的体积多数以小器为主，偶见有大器。从检测上看，典当行内杂器很少有检测证书，但对于杂器而言，一般情况下在典当行不会买到假货。不过，对于比较贵重的杂器应聘请专家进行鉴定（图 7-48）。

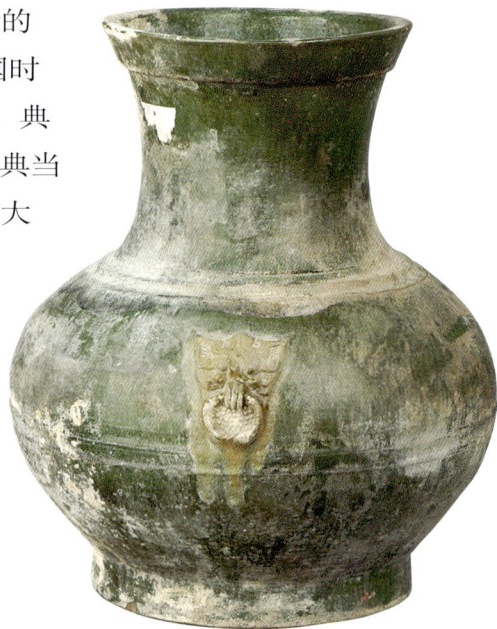

图 7-47 微撇沿绿釉陶壶·汉代

图 7-45 完好绿釉陶储·汉代

图 7-46 完好绿釉陶碗·汉代

图 7-48 无磕碰灰陶匜·战国

图 7-49　有土蚀的红陶瓶·新石器时代

第二节　评价格

一、市场参考价

　　中国古代杂器具有很高的保值
和增值功能（图 7-49）。所谓杂器，
只是涉及门类多，并没有贬低之意。
如每一次拍卖的过程当中，将不能单
独归类的器物都归于杂器，但在下一
次拍卖当中如青铜器能够独立成类显
然就不再是杂器。杂器的价格由于涉
及门类很多，所以比较复杂，主要与
质地、时代、工艺、稀有程度等的关
系密切（图 7-50）。如青铜器在古代
是国之重器，商周时期的青铜器如今
价格不菲，几百上千万都是很正常的事
情。但是，如古瓷标本由于大多是碎片，
所以在价格上就比较低，几十、几百都可以
买到。所以，质地对于杂器的影响有时是决定性的。总之，杂器价
格近些年来可谓是一路所向披靡，青云直上九重天。这与整个文物
市场的繁荣有关（图 7-51）。但由上也可见，杂器的参考价格也比
较复杂，下面让我们来看一下杂器主要的价格，但是，这个价格只
是一个参考，因为本书所介绍的价格是已经抽象过的价格，是研究
用的价格（图 7-52），实际上已经隐去了该行业的商业机密，如有
雷同，纯属巧合，仅仅是给读者一个参考而已。

图 7-50 有土蚀的绿釉陶俑灯·汉代

图 7-51 有土蚀的陶楼·汉代

图 7-52 有珠重环纹青铜盉·西周

1. 青铜器

西周 青铜簋：约 86 万～ 180 万元。

西周 青铜鼎：约 43 万～ 65 万元。

西周 青铜簋：约 260 万～ 360 万元。

西周 青铜簋：约 360 万～ 560 万元。

西周 青铜簋：约 1600 万～ 2600 万元。

西周 青铜罍：约 380 万～ 560 万元。

西周 青铜尊：约 360 万～ 580 万元。

战国 圜钱"西周"：约 15 万～ 19 万元。

战国 圜钱"西周"：约 55000 ～ 65000 元。

明 铜鎏金阿弥陀佛：约 48 万～ 68 万元。

明 铜鎏金释迦牟尼佛：约 460 万～ 660 万元。

明 铁错金银杖：约 180 万～ 260 万元。

明 铜鎏金菩萨：约 680 万～ 880 万元。

明 青铜彝簋：约 38 万～ 56 万元。

明 铜错金银壶：约 160 万～ 200 万元。

明 铜鎏金香熏：约 160 万～ 230 万元。

明 铜错金卣：约 66 万～ 88 万元。

明 铜错金银壶：约 200 万～ 300 万元。

明 铜鎏金熏炉：约 80 万～ 100 万元。

明 铜鎏金笔架：约 16 万～ 25 万元。

清 铜仿西周炉：约 6000 ～ 9000 元。

2. 绿釉陶器

汉 绿釉胡人：约 2 万～ 3 万元。

汉 绿釉犬：约 8000 ～ 16000 元。

汉 绿釉盖鼎：约 3000 ～ 6000 元。

汉 绿釉耳杯：约 3000 ～ 6000 元。

东汉 绿釉碗：约 2500 ～ 6000 元。

东汉 绿釉犬：约 3000 ～ 6000 元。

东汉 绿釉犬：约 6000 ～ 8000 元。

东汉 绿釉犬：约 8 万～ 10 万元。

唐 绿釉罐：约 2 万～ 5 万元。

3、彩陶

新石器时代 马家窑文化彩陶罐：约 42 万～ 80 万元。

新石器时代 马家窑文化彩陶罐：约 38 万～ 60 万元。

新石器时代 马家窑文化彩陶罐：约 3000 ～ 6000 元。

新石器时代 彩陶壶：约 6000 ～ 8000 元。

新石器时代 彩陶网纹罐：约 8 万～ 10 万元。

新石器时代 仰韶文化彩陶钵：约 3000 ～ 6000 元。

新石器时代 仰韶文化彩陶钵：约 3300 ～ 5800 元。

新石器时代 仰韶文化彩陶钵：约 5800 ～ 12000 元。

汉 彩绘陶俑：约 9000 ～ 15000 元。

汉 彩绘陶俑：约 6500 ～ 8000 元。

北魏 彩绘文吏：约 3 万～ 6 万元。

元 彩绘陶罐：约 10 万～ 30 万元。

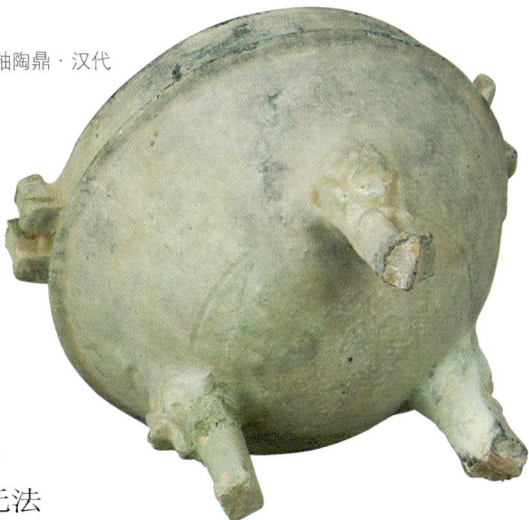

图 7-55 造型规整的绿釉陶鼎·汉代

二、砍价技巧

砍价是一种技巧，但不是根本性的商业活动（图 7-53），它的目的就是与对方讨价还价，找到对自己最有利的因素。但从根本上讲，砍价只是一种技巧，理论上只能将虚高的价格谈下来，但当接近成本时显然是无法真正砍价的。所以，忽略杂器的时代及工艺水平来砍价，显然是得不偿失（图 7-54）。通常杂器的砍价主要有以下两个方面。一是品相。杂器在经历了岁月长河之后，大多数已经残缺不全。如青铜器会有锈蚀、字迹模糊等问题；陶器会破损严重；古瓷标本更是碎片。所以，品相及残缺的程度对于杂器的砍价至关重要。二是时代。杂器的时代特征对于杂器的价格影响是决定性的（图 7-55）。不同时代有着不同的主流杂器。如新石器时代是彩陶；商周时期出现了青铜重器、鼎、簋、鬲、爵、斝、觚、盉、卣、壶等等；秦汉时期是釉陶；唐宋明清时期主要是大量的古瓷标本等，可谓是种类繁多。不同的种类在价格上参差不同，这是砍价的基础（图 7-56）。

图 7-53 造型略不规整的灰陶盘·宋代

图 7-54 绿釉陶仓·汉代

图 7-56 造型简洁的小口灰陶仓·汉代

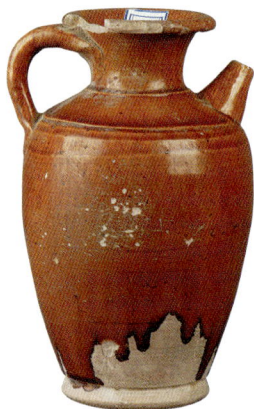

图 7-58　黄釉瓷注·唐代

第三节　懂保养

　　杂器的保养十分复杂。因为杂器所涉及到的质地比较多（图7-57），而保养又是主要针对质地而进行。如青铜器的保养和彩陶、釉陶，以及古瓷标本可能区别就很大。青铜器主要可能是涉及到锈蚀的问题；而瓷器可能涉及清洗、修复等问题。下面我们以古瓷标本为例来看一下：

一、古瓷器标本的修复

1. 清　洗

　　清洗工作是瓷器修复的第一步（图7-58），目的就是要把瓷器表面及其断裂面的灰土和污垢清除干净，为进一步的修复作好准备。下面，以一件残缺为3片的宋代龙泉窑青瓷碗的修复过程为例（图7-59）。这3块青瓷片底无釉，其余均上釉。虽长期埋藏于地下，但未受土壤中化学物质的侵蚀，瓷片手感光滑，胎釉结合良好，没有剥釉现象发生。对于这类瓷片，可以采用直接入水法来进行清洗，具体操作方法如下：

图 7-57　折沿绿釉陶盆·汉代

图 7-59　龙泉窑青瓷碗·宋代

第一步，把古瓷标本放入清水中，用抹布轻轻擦去瓷片表面及其底部的泥土。在擦洗的过程中，有时会遇到很坚硬的泥块，用抹布不能将其去掉，应暂时保留或用其他的方法进行处理，千万不要用抹布使劲地去擦，或者用手去抠，以免损伤瓷器的表面。

接下来，对于古瓷标本表面及其底部较难清除的泥块（图 7–60），可以用乙醇（95%，以下同）滴在泥块上，使其软化后，用牛角刀剔除干净。

最后，可以用棉花球蘸上乙醇对瓷片进行擦洗（图 7–61）。开始，棉花球上粘有杂质，要反复地进行擦洗，直到棉花上没有任何杂质为止。

图 7–62　粉彩人物帽筒·清代

通过以上的清洗工作，将 3 块青瓷片清洗得干干净净，完全恢复了瓷片原有的风貌，为下一步的修复工作打下了基础。但是，应认识到这 3 块青瓷片，由于保存得很好，其清洗工作比较简单。而有些瓷器因为出土时的土质不同，其表面会有各种锈痕生成，如土锈、银锈、水锈等。有的瓷器已经是再修复了，前一次修复时使用的粘合剂，如环氧树脂、百得胶、502 胶等，还粘联在瓷片的断面上，对这些瓷器的清洗工作就十分复杂，在清洗时应注意根据不同的修复对象（图 7–62），选择较为合适的方法进行清洗。

图 7–60　白釉画花瓷器标本·金元时期

图 7–61　天青釉瓷器标本·宋代

图 7-63 龙泉窑青瓷碗·宋代

图 7-64 龙泉窑青瓷碗·宋代

2. 拼 接

拼接是指用粘合剂把破碎的古瓷器标本重新粘合在一起。拼接工作十分复杂，有的器物碎成几十块，要想把他们重新粘在一起是十分困难的。只有根据碎片的形状、花纹、色彩及其装饰特点，逐块进行拼对（图 7-63）。这只青瓷碗，只有 3 块瓷片，而且有棱有角，釉上还有细小的开片，具有这样一些特征的瓷片，完全可以准确无误地拼接在一起。拼接工作的第一步，就是将所需要的粘合剂准备好。在这次修复中所使用的永久性粘合剂是白色 618 型号环氧树脂和三乙烯四胺的混合溶液，简称环氧树脂混合液。虽然只有 3 块瓷片需要拼接，但是要把它们一次性准确拼合起来也是很困难的。所以，不适合直接采用永久性粘合剂进行拼合，而是需要用一种临时性粘合剂 FD-1 胶过渡。FD-1 胶具有粘接随意性大，速度快等优点。而且，把乙醇滴到拼接裂缝处，瓷片就会自动散开，可以任意调整一块不合适的拼接。这样，整个拼接的过程，可以先采用 FD-1 胶定位再加环氧树脂混合液入缝进行加固的办法进行（图 7-64）。具体操作方法如下：

首先，将有底有口沿的一块标本与另一块标本的断面处均匀地涂上一层 FD-1 胶，准确无误地将两块标本的断面吻合在一起，并用力按实。在挤压的过程中，总会有一些多余的 FD-1 胶从按缝中溢出，必须及时地清除。可以用棉花球蘸取少量的乙醇进行擦除。在擦洗的过程中，应该注意不要直接对着裂缝处擦（图 7-65），以防乙醇流入接缝内，影响到 FD-1 胶的粘接强度，因为 FD-1 胶溶于乙醇溶液。

为了使 FD-1 胶尽快固化，可以用电吹风对准粘接处来回不断地吹，使 FD-1 胶里的乙醇尽快散发。与此同时，用手不断地抚摸拼接裂缝处，直到手感平滑（图 7-66），对正挤严为止。在吹风机的加热下，FD-1 胶的固化时间为 5 ~ 10 分钟。

固化后的 FD-1 胶有不小的强度，但它毕竟只是临时性的粘合剂，粘接强度要比永久性粘合剂小得多，在没有用环氧树脂混合液加固以前，可以用透明胶带贴在裂缝处，使拼接好的瓷片位置更加固定（图 7-67）。实验证明，胶带纸对瓷器并无伤害。这样就不必担心在拼接后一块瓷片时，前面的瓷片会断开。

3 块瓷片都拼完后，去掉胶带纸，检查一下拼接碴口处是否对正挤严。如果由于操作不慎出现错位，就必须重新拼接。如果没有什么问题，接下来就是用永久性粘合剂进行加固。用调刀蘸取适量的环氧树脂混合液，使它渗入拼接裂缝内，起到加固作用。这样就完成了对 3 块宋代龙泉窑青瓷碗的拼接工作（图 7-68）。但并不是说所有青瓷片的修复都要按照本文所提供的方法进行拼接。总之，应根据不同的修复标本，以及对修复时间、地点的不同要求，选择不同的拼接方法。

图 7-65　雪白釉瓷碗·唐代　　　图 7-66　龙泉窑青瓷碗·宋代　　　图 7-67　龙泉窑青瓷碗·宋代

图 7-68 轻微残缺汝窑瓷瓶·当代仿宋

3. 配 补

配补是古瓷器标本修复的最后一个步骤（图7-69），就是把损坏不存在的部位，恢复到原来的形状。配补的方法很多，主要有填补、塑封和模补。如其他像陶补、瓷补等方法由于技术落后、工艺繁杂，目前已很少人采用。在配补工作开始之前，应仔细观察并选择配补方法，对于所修复的这件青瓷碗，由于拼接好后还缺少2/5的一大块，属于大面积的缺损，无法用填补法进行修复，用模补法进行配补较为合适。

在古瓷器标本的修复中，可以作为配补材料的很多。关于配补材料的选用，有一些基本的要求：

① 在常温下能够灌注成形（图7-70）；

② 经过一段时间后通过处理能够完全不变形；

③ 固化后材料的机械强度和外貌与原来的胎体有较大的相似性。

修复这件青瓷碗所使用的配补材料是石膏。因为石膏具有可塑性好、使用方便、固化时间短以及颜色呈白色，便于着色等众多优点。当然，石膏的机械强度低、怕碰易碎等，这些都是缺点。但在成形后可以用环氧树脂粘合剂进行加固。打样膏一般应选用医用打样膏进行浇铸取样。

通过以上材料的准备工作，就可以开始对这件青瓷碗进行配补工作，具体操作方法如下：

图 7-69　可配补的青瓷碟标本·明代　　　　图 7-70　龙泉窑青瓷碗·宋代

图 7-71 龙泉窑青瓷碗·宋代

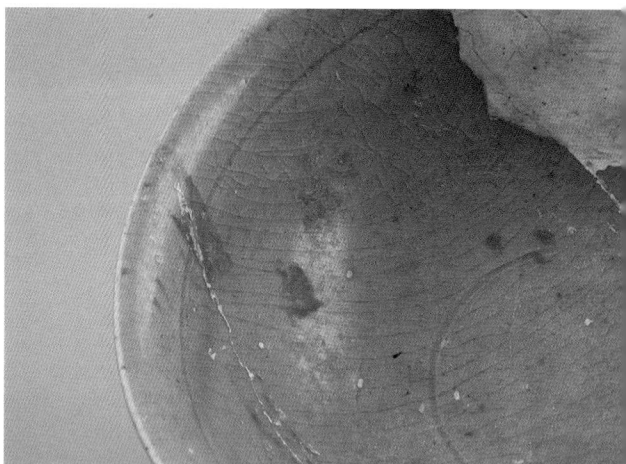

图 7-72 龙泉窑青瓷碗·宋代

（1）模补。将打样膏浸入 70℃ 左右的热水里，3 ～ 5 分钟后开始软化。待打样膏完全软化后，用手慢慢地揉搓均匀。从水中捞出打样膏（图 7-71），把它捏成缺损部位所需的形状，迅速按在这件青瓷碗相应完整的部位进行取样。常温下至少需要 5 分钟，打样膏冷却开始硬化。待到完全定型后，将打样膏移至缺损部位做托模。然后调制石膏，利用硫酸钙结晶水的多少而呈现不同物理性质的特点来复原器物。即将石膏粉加水调制成泥状（$CaSO_4 \cdot 2H_2O$），补在缺口处，加衬垫固化，使其自然干燥脱水后成为坚硬的石膏。具体的调制法是用一只医用的橡皮碗盛上适量的石膏粉向碗里加水，使水面刚好能够覆盖石膏粉，同时，用牛角刀不停地搅拌，待石膏成浆糊状时，迅速浇入器物的残缺部位。这时要用手紧紧托住打样膏不要摇动，因为如果摇动，石膏与断面接口处就会断开，大约 5 分钟后石膏开始固化。待到完全固化后，就可以去掉托模。由于固化后的石膏不溶于水，而打样膏遇热后会完全变软，这样就可以把打样膏重新放到 70℃ 左右的热水里，然后把托模拿出。应该注意的是打样膏不能在水里泡的时间过长，以防止打样膏粘在手上或石膏上（图 7-72）。

（2）修整。经过配补而形成的石膏面凸凹不平，非常粗糙，因此就需要对石膏表面进行修整。具体方法是先将凹下去的部分用石膏粉填平（图7-73），用手指蘸一点冷水涂在石膏粉上，石膏面即和石膏粉成为一体。凸起的地方可以用手术刀削平，如果打样膏粘连在石膏面上，也可以用手术刀将其剔除。

图 7-75　白釉画花罐·清代仿宋

（3）磨光。经过修整后的石膏面基本平整，但表面还十分粗糙。若想使它变得光滑，就需要对石膏面进行打磨。打磨工作只有在石膏完全干燥的情况下进行。为了加快石膏的干燥速度，可以用电吹风对准石膏面不断地吹（图7-74）。待石膏完全干燥后，用0号木砂纸打磨石膏面。但不是所有的木砂纸都能够用来打磨石膏面。要想使打磨的效果好一点，可以将两块0号木砂纸对揉一下，再进行打磨，这时的石膏面就会更加光亮。

（4）由于石膏的机械强度极低，很容易破碎，所以必须对石膏进行加固，使石膏的强度增大，质地坚硬（图7-75）。具体操作方法是把环氧树脂混合液同乙醇按1∶1的比例混合后，用毛笔均匀地涂敷在石膏面上。利用乙醇把强度极大的永久性粘合剂环氧树脂混合液带进石膏内，这时的石膏面就会变得异常坚硬，不易破碎。

到此为止，对这件标本的配补工作就完成了。收藏者在收藏古瓷器标本时，一定要把它们保护好。这个例子的方法经反复实践，证明是可行的，收藏者可注意借鉴。

图 7-73　黄釉瓷碗·唐代

图 7-74　龙泉窑青瓷碗·宋代

图 7-76 灰白胎哥窑瓷器标本·宋代

图 7-78 稀薄釉白瓷碗·宋代

二、收藏保养

古瓷标本历经千年的风雨沧桑（图 7-76），无论以那一种方式流传到我们现在，都已经是十分脆弱，不堪再受到任何伤害。这是一种态度，千万要杜绝侥幸思想，认为古瓷标本具有胎厚、釉厚、烧造温度高、不吸水、釉面已完全烧结等特点，所以好保养。甚至有更极端者认为反正已经碎了，再多碎几块也没问题，将其随意扔到水中冲洗，或者在没有预案的情况下随意去触动和把玩古瓷标本，这样都很容易对瓷器标本造成伤害。因为古瓷标本致命的弱点就是易碎，一旦受到超出它承受力的外力，顷刻间就会碎掉，不再具有收藏价值。为了更好地保护古瓷标本，笔者总结了几点，下面我们来看一下：

（1）防止磕碰。一般情况下磕碰是古瓷标本最为致命的保养问题（图 7-77）。因为这样的例子太多，通常磕碰都不是很严重，多是一些轻微的口磕和足磕，但是随着古瓷标本的流转，各个部位遭受到的磕碰越来越多，所以通常把玩和欣赏时，一是要做好预先的方案；二是要轻拿轻放；三是要在桌子上铺上软垫（图 7-78），防止再有磕碰出现。当然，防止磕碰的方法还有相当多，但以上 3 点应该是必须要做到的。

图 7-77 "喜"字纹粉彩瓷碗·清代

图 7-80 精致黄釉瓷碟·宋代

图 7-81 花口沿黄釉瓷碟·宋代

（2）忌随意触摸。人们对于古瓷标本的态度一般都是慎重的（图7-79）。但由于是私人藏品，所以在把玩、触摸、甚至是搬动时都是比较随意。这其实对于标本是大忌，特别是在没有做好预案的情况下，随意的搬动是对藏品极不负责的行为。因为珍贵的古瓷标本很有可能不慎发生事故。当然最好的方法是减少搬动的次数。

另外，还有很多关于收藏保养的知识，如对可以清洗的器皿清洗时要使用纯净水；不要使用机械强行进行土蚀的剔除；保存温度一般不要超过 45℃（图 7-80）；相对湿度多应控制在 50% 左右等。总之，对于穿越千年时光来到我们今天的古瓷标本要保护第一（图7-81），不使它们受到伤害。使它继续穿越时空，是我们每个人的愿望。

图 7-79 橙黄胎钧红釉瓷器标本·宋代

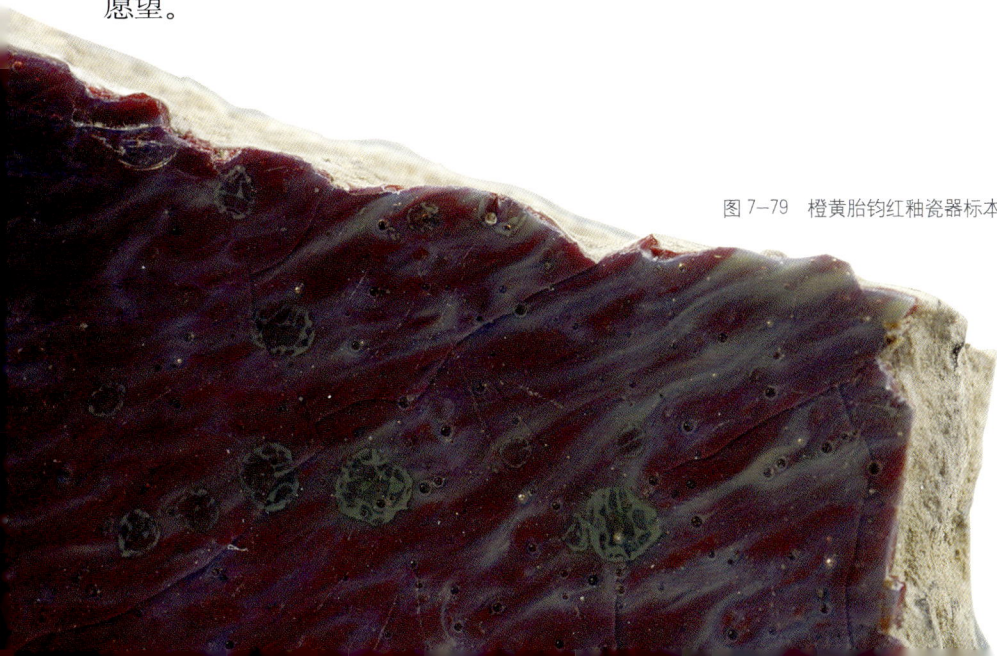

（3）注意事项。对于古瓷器鉴定而言，没有绝对不变的真理，故本书的内容仅供参考。特别是古瓷器标本的市场瞬息万变，本书所罗列的不一定准确，仅仅是一个参考而已，读者在赏玩时一定要注意灵活运用，不足之处还请谅解。另外，有一点是笔者在这里要特别强调的：根据国家文物法规定，地下一切文物都属国家（图7-82）。虽然很多古瓷标本不是上级别的珍贵文物，但同样适用于这一条。所以笔者反对任何形式的盗挖古窑址、古墓葬、古遗址等行为，保护文物是我们每一个人的责任（图7-83）。

虽然不同的杂器其保养方法不同，不过道理都是一样的，"举一反三"即可。首先是如何进行紧急处理，如清洗、修复等（图7-84）；其次是如何收藏保养及注意事项等，由于涉及种类过多，就不再一一进行论述了。

图 7-84 小口白瓷罐·宋代

图 7-82 稀疏开片的青瓷标本·宋代

图 7-83 侈口白瓷碟·宋代

图 7-87　窖藏出土空首布·春秋

第四节　市场趋势

一、价值判断

　　价值判断就是评价值（图 7-85），我们所作的很多努力，就是要做到能够评判价值（图 7-86）。在评判价值的过程中，也许一件杂器有高的价值，但一般来讲我们要能够判断杂器的三大价值（图 7-87），既研究价值、艺术价值、经济价值。当然，这三大价值是建立在诸多鉴定要点的基础之上的。研究价值主要是指在科研上的价值，如铜器可以反映出商周时期奴隶主贵族的奢华生活、钟鸣鼎食，以及点点滴滴的历史；彩陶在新石器时代具有礼器的功能，研究价值很高。总之，杂器在历史上犹如一面面镜子折射出历史的沧桑，对于历史学、考古学、人类学、博物馆学、民族学、文物学等诸多领域都有着重要的研究价值，日益成为人们关注的焦点（图7-88）。而其艺术价值就更为复杂，如古瓷标本、彩陶、釉陶、彩

图 7-85　红陶鬲·新石器时代　　　　图 7-86　圜钱·战国　　　　　　　　图 7-88　精美绝伦的明刀币·战国

图 7-89 青铜斧·春秋

图 7-90 青铜鸾铃·西周

绘陶等等，都是不同时代艺术水平和思想观念的体现，而我们收藏的目的之一就是要挖掘这些艺术价值。另外，杂器具有很高的经济价值。其研究价值、艺术价值、经济价值互为支撑，相辅相成，呈现出的是正比的关系。研究价值和艺术价值越高，经济价值就会越高；反之经济价值则逐渐降低。

另外，杂器还受到数量、铭文、铸造、年号等诸多要素的影响（图7-89）。其次就是品相，经济价值受到品相的影响，品相优者经济价值就高，反之则低（图7-90）。总之，影响经济价值的因素很多，具体情况我们在收藏时可以慢慢体会。但显然杂器的经济价值需要综合判断（图7-91），下面还是以古瓷标本为例来看一看。

图 7-91 单耳铜鍪·六朝

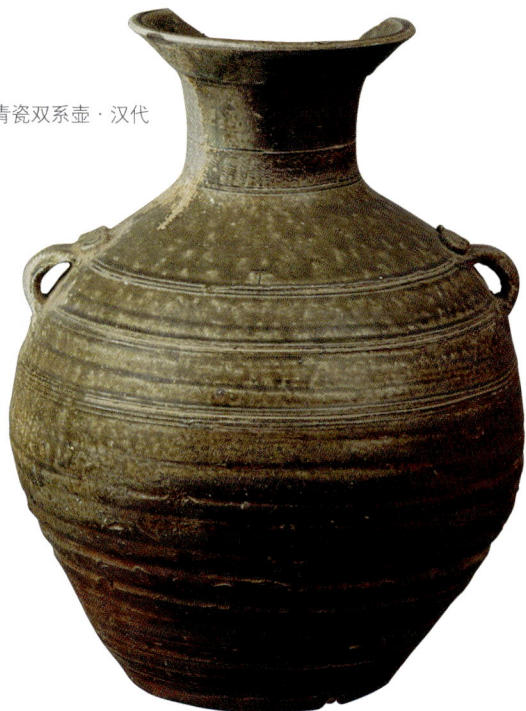

图 7-92　青瓷双系壶·汉代

　　瓷器是中国人的伟大发明，是中国历史上的一个奇迹（图 7-92），魔幻般的色彩使人犹如梦境，穿越时空，至今依然影响我们的思绪，引领我们进入不同的艺术境界，具有较高的收藏价值，这一点毋庸质疑。众多的古瓷标本虽残尤珍（图 7-93），历经千年之久来到我们面前，具有重要的研究、艺术、经济价值，且这三大价值相辅相成，密不可分（图 7-94）。

图 7-93　淘洗精炼的邢窑白瓷碗·唐代

图 7-94　精美绝伦的白瓷盒·唐代

图 7-97 手感润泽的白瓷碗·宋代

1. 古瓷标本的研究价值

古瓷标本无疑都具有较高的研究价值（图 7-95），蕴涵着不同时期大量的历史信息，使我们通过这些标本就可以了解到已逝岁月的点点滴滴，以及古瓷器自身烧造工艺等诸多信息。通过揭示这些信息，可以复原人类历史，这必将对人类文明是一种巨大的促进。中国古代瓷器标本以釉质取胜，产生了天青、纯白、雪白、天蓝、黄釉、月白、蓝釉、灰青、绿釉、淡青、梅子青、三彩釉、绞胎釉、青色泛蓝、玫瑰紫、海棠红、紫釉、柿红釉、褐釉、暗红釉、黑釉、胭脂红釉、兔毫釉、油滴釉色、葡萄紫等诸多不同种类的色调之下的衍生色彩。首先，大量的对比可以基本解决纷繁复杂的文物鉴定问题（图 7-96）。另外，古瓷标本所创造的众多人工色彩，可以直接为各种工业设计提供成熟的元素和理念，对于我们今天人们依然有很多借鉴作用。中国古代瓷器标本造型隽永，雕刻凝烁，必将促进人们对于古代造型艺术的认知程度。另外，古瓷器标本对于学术研究非常有利，以钧瓷为例，以海量的资料，为瓷器研究提供素材，必将进一步推动古瓷器研究的深入，这是国内外学术界和研究机构所翘首期盼和需要的（图 7-97）。

图 7-95 釉质均匀的精致白瓷标本·唐代　　图 7-96 玉璧足白瓷碗·唐代

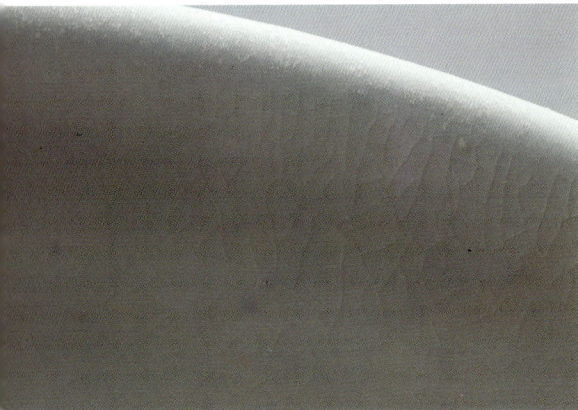

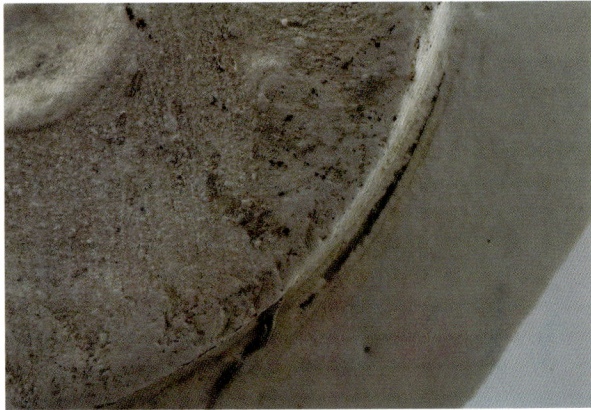

图 7-98　失亮的青瓷盏·宋代

图 7-99　青瓷缺失标本·宋代

2. 古瓷标本的艺术价值

中国古代瓷器标本的艺术价值举世公认，精美绝伦，是历史上的一朵奇葩，无以伦比。"入窑一色，出窑万彩"的钧瓷之美，被古瓷标本集中表现得淋漓尽致，这是当代所有艺术家所需要的（图7-98）。古瓷器标本最先呈现在人们面前的就是它的造型艺术，多数古瓷器标本都是实用器，造型隽永、简洁实用，讲究简约之美。如类汝釉瓷器中的花口碗，像花一样的口部，弧腹内收直至平底，这样的花口碗在宋元时期十分流行，显然是实用与装饰完美地融合在一起。在釉质上古瓷器釉色是数以万计，枚不胜举，似乎是一个伟大奇迹，尝试着每一种色彩所带给人们的欢乐，和异样的感觉。而这些色彩对于我们现代社会具有重要的价值（图7-99），它可以启迪无数艺术灵感，使我们沿着已经被尝试过的人工色彩继续前行，而不必进行重复的艺术。总之，无论从哪一个方面来看，古瓷器标本都具有极高的艺术价值。其残缺的身躯与另一完整器皿从艺术的角度上看其实几无差异。

图 7-100 敛口青瓷碗·宋代

3. 古瓷标本的经济价值

古瓷标本的经济价值来源于自身研究价值和艺术价值的支撑（图 7-100）。通常情况下，研究价值和艺术价值都高的标本经济价值自然就高，而反之，经济价值必然也差。但实践中，古瓷标本经济价值还受到多种因素的影响，我们来具体看一下：

（1）品相。中国古代瓷器标本在品相上具有鲜明的特征（图 7-101），主要以普通和品相差的瓷器为主，品相佳者在数量上非常之少，几乎可以忽略不计。普通者数量最多，占据古瓷标本总量的相当部分。品相差的古瓷标本数量更多，但古瓷标本所谓的品相差显然不是其本身，大多是由于残缺而造成的品相问题。然不论是哪种情况，已经造成品相问题的古瓷标本在经济价值上必然会受到影响。品相差的标本基本上很少出现在拍卖市场上，主要是在地摊上出现，经济价值比较低。目前市场的主流显然是普通的古瓷标本，这些瓷器在拍卖市场上经常有见，价格适中，应该具有很高的保值功能和升值空间（图 7-102）。

图 7-101 天蓝釉钧瓷碗标本·宋代

图 7-102 淘洗精炼的灰白胎钧瓷标本·宋代

图 7-105　洁白胎粉彩标本·清代

（2）稀缺性。"物以稀为贵"是古瓷标本基本的价值规律（图 7-103），特别是对于经济价值而言更是这样。就如同价格的杠杆，越是稀缺的古瓷标本在价值上越高，反之则越低。例如钧窑标本中有钧红者，由于相对来讲稀少，那么其经济价值就高一些；再如汝窑瓷器标本，其数量少到了极点，所以这类瓷器的价值最高（图 7-104）。另外，还有带年号款识的官窑瓷器，多比不带款的价值要高。

7-103　精细胎红绿彩瓷·金代

（3）碎片。古瓷标本精致者既使碎成了残片，依然具有很高的研究和艺术价值。原因很简单，一是精致瓷数量少；二是客观上研究、艺术价值高，是许多人所追求的。就像人们常说的那样，"纵有家财万贯，不如钧瓷一片"（图 7-105）。但是对于普通瓷器而言，残缺的程度则是影响其经济价值的主要因素。如一个瓷碗，如果仅仅是有口磕，或者足磕，那么经济价值可能会受到影响，但不会有太大的影响；但如果是磕碰得仅剩下一个片状的器皿，其经济价值则也会随着其残缺部分的扩大而消失，收藏时应注意碎片在大小上的差异。

图 7-104 精致青花瓷观音佛像·清代

图 7-109 典型至正型青花瓷标本·元代

二、保值与升值

古瓷标本的研究价值和艺术价值决定了它的经济价值极高（图 7-106）。古瓷标本的经济价值在当今社会的特点是：遵守价值规律，受市场供求关系影响，最终以价格的形式反映出来。也许有的古瓷标本的研究价值和艺术价值都很好，但其价格不一定高；有些价值一般的古瓷标本，在某一时期由于缺货，其价格也会被炒上去。或是某种古瓷标本价格很高，在某个地方突然发现了一大批此种标本，并且流入到了市场上，那么这种标本的价格就会一夜之间下滑至低谷。但总的来说，古瓷器标本的价值和价格是平衡的，不会差得太远。但广大收藏者要注意到这一点，切莫盲目地去追风（图 7-107），人家买什么，我也买什么，不知该种古瓷标本的价格已经炒到了顶点，再没有升值的潜力，只有回落的浪潮。总而言之，在古瓷标本的投资上，一定要以稳为先。

目前，古瓷标本是市场上的宠儿（图7-108）。在收藏市场普遍低迷的时刻，古瓷标本在市场上因其价格适中，又有固定的收藏单位（如科研院所、大学、博物馆等），拥有了大批古瓷标本的收藏者。与古瓷器关系密不可分的仰韶彩陶标本，价格在千元左右；原始青瓷标本在几千元至万元之间；一般青瓷标本几百至数千元之间；汝、官、哥、钧等名窑的古瓷标本价格要贵一些，一般在几千至几十万元之间，是否为官窑器，在价格上也起着决定性作用；唐三彩价格很高，至少要千元以上；元代青花瓷标本一直是古瓷标本的领头雁，其价格攀升极快（真正典型的至正器要数十万元以上，一般的元青花标本也要万元以上（图7-109），而这样的元青花碎片，在2000年左右七八百元就可以买到）；黑瓷，早期的价格高一些，在千元以内浮动，宋、元、明、清的黑瓷价格较低，仅在几十至数百元之间；白瓷属邢窑白瓷最好，要万元左右，定窑几千元左右，后来的几百元；颜色釉瓷器标本早期较难得，需数万元左右，晚期的如同治、光绪时泛滥，数百元就能买到一件很好的标本。其他还有许多民窑瓷标本，北京潘家园市场上均需几百元以上。价格再低的一定要谨慎小心，要知道，守在工地旁论麻袋收购的历史已经结束了。但收藏者在收藏的时候一定要猛杀价格，千万不可要多少给多少，这样升值的空间就不会很大。从收藏的历史看，古瓷器的收藏有着悠久的历史，但从进入市场为广大古瓷迷收藏来看，还属新兴的收藏品，目前价格还属起步价；随着收藏的深入，古瓷器标本的价格会继续地不断攀升。广大收藏爱好者应抓住机遇，多收藏一些有价值的古瓷器标本（图7-110）。

图7-110　瓷化程度极高的白瓷执壶·唐代

图 7-106　"大清乾隆年制"花卉纹碗·清代

图 7-107　淘洗水平略有下降的
橙黄胎红绿彩瓷标本·明代

图 7-108　哥窑瓷器标本·宋代

图 7-111　釉层均匀的黑定盏·宋代

　　盛世收藏的今日，确实古瓷标本这匹黑马已经引起人们的重视。甚至一些拍卖行也举行了残缺美之类的拍卖会，价格可以说非常高，是收藏者在收藏时没有想到的，几乎没有下几万的东西，几十几百万的古瓷标本也是频繁成交。在这里，本书想一语道破天机，这也是笔者在收藏市场上信奉的一句话，"主要还是要看有没有投资价值，有投资价值能够赚钱的古瓷标本，投资多少钱都不为过，但是如果没有价值，哪怕投资一分钱都是多的"（图 7-111）。因此，对于古瓷标本而言，不要图便宜，一定要选择有价值的标本。

　　总之，杂器在中国有着悠久的历史（图 7-112），都是人们在历史上曾经使用过的文物。从历史上看，杂器是一种盛世的收藏品。在战争和动荡的年代，人们对于杂器的追求夙愿会降低，而盛世，人们对杂器的情结就会高涨，杂器会受到人们追捧，可谓是趋之若鹜。特别是近些年来股市低迷、楼市不稳有所加剧，越来越多的人把目光投向了杂器收藏市场。在这种背景之下，杂器与资本结缘，成为资本追逐的对象。高品质杂器的价格扶摇直上（图 7-113），升值数十上百倍，而且这一趋势依然在迅猛发展。古代杂器一方面是已不可再生；另一方面是人们对杂器趋之若鹜。这样，杂器不断爆出天价，被藏家所收藏，"物以稀为贵"的局面将越发严重，杂器保值、升值的功能则会进一步增强（图 7-114）。

图 7-112　空首布·春秋

图 7-113 铭文丰富的铜镜·宋代

图 7-114 青铜鼎·战国

图 7-114　青铜爵·西周

参考文献

[1] 宝鸡市考古工作队 . 陕西扶风案板遗址（下河区）发掘简报 [J]. 考古与文物 ,2003(5).

[2] 姚江波 . 中华第一剑 [N]. 人民日报 . 市场报 ,2001(2).

[3] 河南省文物考古研究所 , 中国社会科学院考古研究所河南一队 , 三门峡市文物考古研究所 , 灵宝市文物保护管理所 , 荆山黄帝陵管理所 . 河南灵宝市西坡遗址 2001 年春发掘简报 [J]. 华夏考古 ,2002(2).

[4] 咸阳市文物考古研究所 . 陕西咸阳市北郊杜家堡新莽墓发掘简报 [J]. 考古与文物 ,2004(3).

[5] 姚江波 . 中国古代铜器鉴定 [M]. 长沙：湖南美术出版社 ,2009.